사장님!
소자본 창업 성공?
어렵지 않아요

읽기 편하고 이해하기 쉽게 엮은,
포스트 코로나 시대 창업에 대한 올바른 시각!

사장님! 소자본 창업 성공? 어렵지 않아요

중심상권과
일반과세는
반드시
피해라

프리코디, 택스코디

공저

자영업자들이 체감하기에 경기가 좋았던 적은 단 한 번도 없었다. 30년 전에도 그랬고 지금도 여전히 그렇다. 최악인가? 지금은 전 세계가 단 한 번도 겪어 본 적 없는 유례없이 절망적인 상황이라 해도 지나치지 않다.

힘겨운 자영업자들은 불경기에 짓눌려 하루 열여섯 시간씩 힘겹게 일하면서도 – 게다가 부부가 함께 – 상응하는 수입을 가져가지 못했고 코로나 국면에서 급격히 무너졌다. 긴급 지원금 이백만 원으로는 별 도움이 안 된다. 안타깝지만 그들은 코로나 때문에 무너진 것이 아니다. 코로나는 그저 그들이 급격하게 무너지는데 방아쇠 역할을 한 것뿐이다.

접지 못해서 간신히 버티고 있던 많은 이들이 더 이상 버틸 재간이 없어 폐업을 결정했다. 가장 먼저 무너진 곳이 중심상권이다.

가장 비싼 곳. 권리금이며 보증금이며 월 임대료가 '억'소리 나는 곳이다. 규모도 적지 않아서 직원들이며 아르바이트며 모두 직장을 잃었다. 매월 감당해야 할 고정비와 변동비를 감당하기 가장 어려운 곳이 소위 중심상권에서 시작한 자영업자들이다.

그들은 소위 성공창업을 위해 반드시 해야 한다는 그 '상권분석'을 하지 않고 시작해서 망한 것일까? 그렇지 않다. 스스로 했든 전문가에게 맡겼든 업종분석이며 유동인구며 입지에 대한 고민을 적지 않은 시간과 돈을 들여 했고 그 결과를 토대로 시작했다. 그들의 추정과 분석은 맞았을까? 그럴 리가. 그 모든 분석이 맞았다면 시도하지 말았거나 전혀 다른 방식으로 시도했거나, 적어도 아주 빠른 시간 안에 폐업하는 비율이 그렇게 높지 않아야 하지만 결과적으로 전혀 그렇지 않다는 것을 우리 모두는 알고 있다. 모든 분석과 결과는 사후 확정론에 지나지 않는다. 잘 되고 못 되는 이유는 결과가 나온 후에 끼워 맞추는 것일 뿐이다. 그냥 귀에 걸고 코에 걸었을 뿐이다.

　분명한 건 처음이라 잘 모르는 초보창업자가 상권분석부터 시작하면 망한다는 것이다. 망하지 않는 상권분석은 어떻게 해야 하는지 아주 쉽게 설명해 주고 싶었다. 세상에 널린 상권분석 전문가며 복잡하고 다양한 법칙 따위가 우리의 소중한 창업자금을 지켜주지 못했다는 것을 받아들이기만 하면 된다. 다른 모든 상권분석은 다 망하는 거고 네가 말하는 상권분석은 안 망한다는 거냐? 라고 말할 수도 있겠다. 맞다. 내가 말하는 대로 상권분석하고 진입하면 안 망한다. 믿기 어렵겠지만 사실이다.

　소위 그 전문가들의 무책임함에 대한 성토를 하려는 의도는 아니었지만 그렇게 됐다. 상권분석이든 세무든 법무든 의료든 금융이든 소위 전문가라는 집단의 이기적인 행태는 어제 오늘의 얘기가 아니다. 인류 역사와 그 궤를 같이해 왔다. 그들은 오직 그들이 속한 집단의 이기적인 욕구에 충실할 뿐이고 그걸 굳이 나무랄 생각은 없다. 그건 그들의 태생적인 한계라고 생각할 수밖에. 나도 소위 전문가라는 껍데기를 쓰고 살았던 수 년 동안 대의와 명분보다는 내가 속했던 영리를 목적으로 운영되던 집단의 이익에 충실했다. 그들이 그들 각자의 본분에 충실한 것은 그냥 그렇게 이해하는 걸로.

그리고 우리는 우리의 삶에 충실하기만 하자. 우리의 소중한 창업자금을 아끼고, 지키고, 자유로운 삶을 사는 걸로.

하지만 지금 당장 월급 없는 세상에 직면한 다양한 상황과 성향의 사람들이 모두에게 열려있는 창업시장을 기웃거리며 가용할 수 있는 자금의 규모를 어림잡으며 깊은 고민에 빠져있다. 그들에게 긴급하게 메시지를 전할 필요를 느꼈다. 제발 창업자금의 블랙홀이 될 '상권분석'에 소중한 돈을 엄하게 쓰지 말고 그 좋아 보이기만 하는 상권이라는 늪에 또 돈 쏟아 붓지 말라고. 그러면 정말 복구불능 상태로 사회경제학적인 사망선고를 받을 수도 있다고. 받게 될 거라고. 제발 그런 비참한 상황은 피하라고. 무책임한 사람이 되지 말라고. 제발.

그렇게 되지 않기 위해서는 돈 먹는 상권분석 따위는 하지 말고 일반과세로 시작하지 말라는 얘길 꼭 전하고 싶었다. 간이과세사업자로 시작하는 것이 왜 중요한지 얼마나 득이 되는지 알았으면 좋겠다. 진짜 상권분석은 뭔지, 어떻게 하는지, 그러기 위해서는 대단히 복잡하지도 않은 약간의 세무상식만 있으면 된다는 사실을 어렵지 않게 설명했다. 모두가 모르고 맡기면 절세가 되는 줄 알고 창업을 하지만 알고 부려야 진짜 절세가 된다는 사실을 알 수 있다. 절세의 주체는 각자여야 한다. 누구도 당신의 절세를 바라지 않는다.

그러니 읽어보기만 하자. 어렵지 않다. 창업을 고민하며 답답했던 속이 후련해질 것이다. 어렵게만 생각하는 창업과 세무를 알고 시작하면 어렵지 않은 창업의 바다를 향해 가볍게 항해를 시작할 수 있다. 난생 처음으로 요트를 타고 바다로 나가는 모두가 순풍에 항해를 시작하고 싶어 하지만 우리는 여러분에게 역풍에 항해를 시작하는 방법을 알려주려는 것이다. 왜 그래야 하는지 까지.

**목
차**

Prologue ·· 6

PART ① 때려 쳐! 상권분석

❶ 상권분석이라고? ································ 18

1 | 상권분석을 주장하는 사람은 창업을 모르거나 바보거나 … 20

2 | 권리금이 제일 아깝다 … 27

3 | 모든 종류의 상권분석은 무의미하다 … 32

4 | 상권분석의 본질은 불리한 경쟁이다 … 36

5 | 경쟁해서는 이길 수 없다 … 40

6 | 주차장은 치명적이다 … 44

7 | 1층이 압도적으로 많은 이유 … 49

8 | 좋은 입지의 조건 … 52

❷ 왜, 상권을 버려야 하는가 ·················· 56

1 | 동선 따위는 전혀 중요하지 않다 … 58

2 | 배달전문점은 구석진 곳에? … 61

3 | 제품으로 상권을 버린다 … 65

4 | 관련 업종이 많으면 좋을까? … 68

5 | 고객이 몰리는 데에는 이유가 따로 있다 … 71

6 | 경쟁점포 조사는 의미 없다 … 74

7 | 매출액 추정과 사업타당성 분석이 가능해? … 77

8 | 상권을 버리고 상권을 만들어라 … 80

3 개인차를 극복하는 창업 전략 ······················· 84

1 | 실사는 반드시 필요하다 … 86

2 | 입지와 임차조건은 비례한다 … 91

3 | 무엇을 팔 것인가가 먼저다 … 95

4 | 어떻게 팔 것인지 정해라 … 99

5 | 비싸도 구매한다 … 103

6 | 사람 구할 생각은 애초에 하지도 마라 … 107

7 | 세금을 모르고 시작하는 창업은 망한다 … 111

8 | 순풍과 역풍을 대하는 올바른 자세 … 115

··· Contents

PART ② 때려 쳐! 일반과세

1 왜, 세금을 알아야 하는가 ·· 122

1 | 예비창업자가 반드시 알아야 하는 세금 ··· 124

2 | 세금을 줄이기 위해서 알아야 할 용어들 ··· 128

3 | 음식점 사업자가 알아야 하는 세무상식 ··· 131

4 | 전자상거래 사업자가 알아야 하는 세무상식 ··· 135

5 | 배달사업자라면 꼭 알아야 하는 세무상식 ··· 138

6 | 공동사업자라면 꼭 알아야 하는 세무상식 ··· 145

7 | 세무조사는 누가 받나 ··· 150

8 | 세금계산서를 발급받으면 이것만은 꼭 확인하자 ··· 155

2 왜, 간이과세로 시작해야 하는가 ································ 160

1 | 간이과세자에게는 가벼운 부가가치세 ··· 162

2 | 부가가치세 계산 쉽게 이해하자 ··· 166

3 | 간이과세제도 부터 이해하자 ··· 169

4 | 공급가액과 공급대가는 다른 말이다 ··· 172

5 | 간이과세와 일반과세 세금 비교 ··· 174

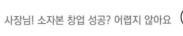
6 │ 간이과세 배제기준에 대해 알아보자 … 177

7 │ 임대차 계약 전 과세유형 결정이 먼저다 … 182

8 │ 간이과세 120% 활용법 … 186

❸ 왜, 세금을 직접 신고해야 하는가 ························· 190

1 │ 누구도 당신의 절세를 원하지 않는다 … 192

2 │ 사업자등록 전 알아야 할 것은? … 195

3 │ 홈택스로 직접 할까? 세무사에게 맡길까? … 199

4 │ 예정신고? 예정고지? … 203

5 │ 처음 하는 부가가치세 셀프신고를 위한 절세 팁 … 206

6 │ 부가가치세 신고 시 주의사항 … 210

7 │ 가산세도 감면이 된다 … 213

8 │ 매출이 0원이라도 신고는 하자 … 215

··· Contents

부록

사업자가 알아두면 도움 되는 정부 지원 ······ 218

⊙ 창업자 멘토링 서비스 ··· 220

⊙ 여성 창업 지원금 제도 ··· 222

⊙ 소상공인 정책자금 지원제도 ··· 224

⊙ 직원을 뽑으나 나라에서 월급을? ··· 226

⊙ 희망리턴 패키지 ··· 229

사 장 님 !
소　자　본
창 업 성 공 ?
어렵지않아요

사장님! 소자본 창업 성공? 어렵지 않아요

1 │ 상권분석을 주장하는 사람은 창업을 모르거나 바보거나

2 │ 권리금이 제일 아깝다

3 │ 모든 종류의 상권분석은 무의미하다

4 │ 상권분석의 본질은 불리한 경쟁이다

5 │ 경쟁해서는 이길 수 없다

6 │ 주차장은 치명적이다

7 │ 1층이 압도적으로 많은 이유

8 │ 좋은 입지의 조건

PART ①

때려 쳐!
상권분석

상권분석
이라고?

1

상권분석을 주장하는 사람은
진정한 창업을 모르거나 바보이거나

상권분석이 꼭 필요하다고 말하는 사람은 누굴까? 이익을 보는 자들이다. 창업자가? 그들은 그냥 자본금과 멘탈을 털릴 뿐이다.

소위 상권분석 전문가라는 사람들이 쓴 책이나 포트폴리오를 보면 '상권분석시 체크포인트' 같은 내용들이 있다. 자세히 들여다보면 실소를 금할 수 없다. 과연 저걸 영세한 자영업자들이 해야 하는 걸까? 할 수나 있을까? 한다고 창업에 적용할 수는 있을까? 적용한다고 성공할 가능성은? 계속 반복해서 말하겠지만 그들은 처음이라 잘 모르는 초보창업자들의 성향이나 입장이나 수준, 능력 따위는 전혀 고려하지 않고 일방적으로 떠들 뿐이다. 일반론이다.

예를 들면 이런 거다. 관공서의 인구 통계자료, 상업통계 자료, 특정 기관 조사 정보를 파악하란다. 그리고 지역 상권에서 지구별 세대 수, 인구 수 소매 업종별 표시, 교통 기관별 표시(역, 버스 등) 관련 유통점들을 표시하는 지도를 작성하란다. 집객력이 있는 관공서나 금융기관 등이 있는 지도.

그리고 상권 내를 도보로 관찰하면서 연령별로 구분해서 생활방식을 표시하란다. 거주지 주거형태 기간 차량 소유 등으로 소득수준을 파악하란다.

혼잡한 점포, 인기 있는 점포를 파악하라는데 웃기는 일이다. 할 수 있나? 못한다. 그러니 뭐? 맡기라는 거지. 해줄 테니까. 세무대리인들과 전혀 다르지 않다. 세무는 복잡하고 어렵고 세무조사 당할 수 있으니까 맡기고 사업에 집중하라는 것과 일맥상통한다.

상권분석 맡기고 시작한 창업자들은 성공할 수 없다. 왜냐하면 그들은 너무나 평범하기 때문이다. 저런 방식으로 성공한 사람들을 예로 들면서 자신들의 성과를 자랑한다. 속지마시라. 그 성공한 사람들은 어딜 가서든 뭘 하든 잘 할 사람들이었을 뿐이다. 상권분석을 잘 해서 성공한 게 아니란 말씀이다. 같은 프랜차이즈로 같은 자리에서도 망하는 사람은 망하고 더 열악한 프랜차이즈로 더 열악한 곳에서도 성공하는 사람은 성공한다. 결코 자본력의 차이나 상권분석의 여부에 있지 않다. 오직 성패는 개인차에 있을 뿐이다. 그 개인차를 최소화할 수 있는 방법에 대한 얘길 해주고 싶다. 적어도 기존의 상권분석 따위로는 해결할 수 없는 문제에 대한 답이다.

1 상권분석이라고?

소위 상권분석 전문가들은 그들이 주장하는바 그것이 시장의 원리고 그게 성패를 좌우한다고 말할 수밖에 없다. 그게 직업이니까. 그들도 자신들을 찾아 온 초보창업자들의 성공을 간절히 바랄 것이다. 그래서 자신들이 설계한 대로 잘 진행하고 운영되면 얼마나 좋을까 마는 그들도 안다. 몇 마디 나눠보고 진행해보면 이 사람은 어렵겠구나 하는 것을. 개인차가 나도 너무 니기 때문이다. 한 마디만 해줘도 열 마디를 알아듣고 활용하는 사람이 있는가 하면, 반복해서 몇 번이고 말해줘도 이해를 못하는 사람이 있다. 이건 공부를 잘 하고 못하고의 문제가 아니다. 그냥 그런 사람들이 공존하는 것이다. 그 중요한 걸 고려하지 못하는 게 세상에 흔한 상권분석의 실체다. 그래서 창업의 성패를 좌우하는 가장 큰 요인은 개인차다. 그 개인차를 최소화할 수 있는 방법이 있다면 그것이 최선의 솔루션이다.

그렇다고 상권분석 전문가들이 현저히 자질이 떨어지는 초보창업자에게 '사장님은 성공하기 어려울 것 같으니 장사 하지 마시죠' 라고 할까? 절대 그렇지 않다. 그가 가용할 수 있는 최대한의 자금을 뽑아내고 가능한 모든 방법을 적용하면 그를 성공시킬 수 있다고 믿고 있을 수도 있다. 하지만 그의 분석대로 판을 벌린 초보창업자는 아주 빠른 시일 안에 뭔가 잘못됐다고 생각하게 되고 곧 자금난에 시달리며 더 깊은 수렁에 빠지게 된다.

결코 그가 앞으로 겪게 될 다양한 상황에 대한 교육을 해 주지 않는다. 권리금과 보증금과 월 임대료에 대한 세금관련 지식을 전혀 알려주지 않고, 임대인의 과세유형과 임차인의 과세유형에 따른 세무적인 해법이 다르다는 것을 알려주지도 않는다. 물론 창업자가 기본적으로 알고 시작해야 하지만 누구도 그렇게 시작해야 한다고 알려주지 않는다. 고작해야 세무는 세무대리인에게 맡기고 사업에나 집중하라고 얘기해주는 게 대부분이다.

직원 문제도 마찬가지다. 직원을 채용하려면 세무와 노무 모두 알아야 한다. 직원을 채용한다는 것이 얼마나 중요하고 무서운 일인지 모른다. 그런 걸 아무도 알려주지 않는다. 늪에 빠진 후에야 알게 되는데 그땐 이미 거의 모든 것을 잃고 난 후인 경우가 대부분이다.

그래서 망한다는 사실을 대부분 모른다. 이 모든 암울한 결과의 원인은 빌어먹을 상권분석에서 시작된다.

애초에 시작이 잘못되면 이런 길을 간다. 창업은 무엇을 팔 것인지 정하고 시작해야 하는데 어디서 팔 것인지 정하고 시작하면 이렇게 된다. 끝이 뻔하다.

상권분석에 관한 어떤 글을 읽어봐도 이건 뭐 아무 개념이 없는 헛소리에 불과하다.

처음이라 잘 모르는 초보창업자는 상권분석이 전혀 중요하지 않고 오히려 더 중요한 것들을 먼저 알고 시작해야 한다는 것을 알려주는 사람이 없다. 모두 성공만을 향해 달려드는 불나방같이 성공과 부에 관한 얘기들만 하고 들으려 한다. 넘어지는 방법부터 알려주는 창업전문가를 만나기는 정말 어렵다. 왜 역풍에 항해를 시작해야 하는지 알려주는 사람을 만나야 한다. 모두가 순풍에 항해를 시작하기 때문에 경쟁하고 지치고 망한다는 사실을 알려주는 사람이 없다.

그래서 상권분석이 창업의 시작이고 초석이고 성공의 발판이라고 말하는 모든 전문가들은 적어도 처음이라 잘 모르는 초보창업자들에게는 악당이다. 그들의 성공적인 창업에 꼭 필요한 것들을 알려주지 않기 때문이다. 그들은 그 중심상권에서 성공할 수 없다는 사실을 알려주지 않는다. 그러면 돈을 벌 수 없기 때문이다. 그들은 그저 자신들의 밥줄을 지키는 그냥 또 다른 형태의 자영업자일 뿐이다. 그러면 그들은 악당이 아닌 걸까? 그냥 생계의 수단일 뿐이라서? 세상에 흔한 악당 중의 일부일 뿐이다. 먹고 살기 위해 하는 일이라고 해서 악당이 아닌 것은 아니다.

그런데 그 악당들이 아닌데도 상권분석이 필요하다고 떠드는 사람들이 있다. 자영업자들이다. 기존의 자영업자들일 수도 있고 신규 창업자들이기도 하다. 그렇게 해 와서 나름 잘 해 온 사람들이 그런 얘기 할 수도 있다. 하지만 대부분은 상권분석으로 뒤통수 맞은 경우다. 출구전략이 없기 때문이다. 자신은 망해 나가면서도 본전 생각나서 양수자에게 권리금 세게 부르며 하는 말이 시장원리가 그렇고 권리금이 매출이라는 말들을 한다. 그렇게 말하는 놈은 악당이고 그렇게 믿고 들어가는 놈은 바보다. 권리금의 세금 처리는 어떻게 해야 하는지 알고 나면 억울할 수도 있다.

권리금 주고 세금계산서 발급받으면 부가가치세 매입세액 공제는 받을 수 있겠지만 원천징수하고 납부하면 필요경비로 5년 동안 분할해서 처리하고 싶겠지만 2년 후에 폐업하면 끝나는 거다. 나올 때 돌려받는다? 그런 경우는 정말 별로 없다. 지금 이 참혹한 시기에는 언감생심 꿈도 못 꿀 일이다. 그러니 제발 정신 좀 차리고 상권분석이 장사의 8할이라느니 망하지 않으려면 상권분석부터 제대로 하라느니 자신에게 맞는 대박상권은 따로 있다는 개소리는 무시하기 바란다.

어디서도 살 수 없고 꼭 필요한 제품은 그런 거 전혀 상관없이 사러 오고 없어서 못 판다. 문제는 그런 제품을 파려는 사람이 없다는 데 있다. 그게 대단히 어려운 게 아님에도 불구하고 애초에 시도조차 하지 않는데서 시작한다.

처음이라 잘 모르는 초보창업자들은 어디서든 얼마든지 더 싸게 더 많이 더 나은 서비스를 받으며 구할 수 있는 제품을 취급하려 하기 때문에 자꾸 상권에 얽매이려 한다. 그 어떤 것도 내세울 것 없이 오직 가장 큰 돈이 들어가야 하는 상권이 가장 큰 경쟁력이라면 그건 정말 치명적이다. 무조건 망하는 길을 가는 것이고 누가 더 많은 돈을 들고 얼마나 더 오래 버티는지 겨루다 결국 더 많은 놈에게 지는 뻔한 싸움을 시작하는 것이다. 상권분석은 그만큼 악랄하다. 시쳇말로 영혼까지 끌어 모아 준비한 돈이 고작해야 몇 억(?)이 전부인 영세한 자영업자에게는 더욱 그렇다. 그런 건 기업의 영역에 양보하자. 자금 여력이 풍부한 몇백 억에서 몇 천 억이 별 부담 없는 거대한 기업에 맡겨두자. 마케팅도 마찬가지다. 그 얘긴 다른 곳에서 좀 풀어놓기로 하고.

2

권리금이 제일 아깝다

돈 놓고 돈 먹기라는 게임에 가까운 권리금, 그거 받는다는 영세한 자영업자에게 그것도 이제 시작하는 초보창업자에게 권리금 운운하는 것은 망하라고 하는 것과 다름 아니다. 빠듯한 돈으로 시작하는 초보창업자들의 등골을 빼먹으면서 그게 시장의 논리라는 소리도 빼놓지 않는다.

그런 부동산 중개업자나 창업컨설턴트라는 인간들을 만나면 아무 말 없이 돌아 나오자. 그들 입에서 나오는 어떤 말이든 들어봐야 죄다 헛소리일 뿐이다. 오직 제 잇속 챙기기에 바쁜 사람들일 뿐이다. 절대 당신의 성공을 바라지 않는다. 왜냐하면 당신 아니어도 그 자리에 들어갈 사람은 널렸고 당신 망해도 그 자리 또 들어갈 사람은 차고 넘친다. 중개업자들과 컨설턴트들은 그래야 먹고 산다.

회전율이 높으면 높을수록 빠르면 빠를수록 돈이 된다. 권리금이 매출이라는 소리 듣고 믿고 몇 천만 원에서 몇 억 원까지 주고 들어가는 아무생각 없는 바보창업자들 많다. 근데 망하고 나올 때 그 돈 받을 수 있을 거라 듣기도 하고 믿기도 하지만 그럴 일 없다. 바닥권리 영업권리 시설권리 얘기들 한다. 권리금의 올바른 계산 같은 소리도 다 헛소리다. 망하고 나올 때는 본전 생각나니 최대한 많이 받고 싶고 가뜩이나 어려운 시기에 시작하려는 창업자는 최대한 싸게 들어가고 싶다. 인지상정이다. 그거 조율하는 게 중개업자나 컨설턴트쯤 되겠다. 누구 편이겠나? 돈 많이 주는 편이다. 누가 많이 줄까? 이득 많이 챙긴, 당연히 파는 사람이다. 최대한 많이 받게 해주려고 노력하고 이 정도면 거저먹는 거라고 사기성의 말을 아끼지 않는다.

권리금의 산정기준과 근거 따위 잊어라. 점포 규모 및 층에 따른 적정권리금 산정 방법 같은 것도 무시해라. 잊어라. 그게 얼마가 됐든 법적으로 상호 합의하에 정한 권리금을 세금계산서를 주고받으면 부가가치세 매입세액 공제도 해주고 원천세 징수하고 납부하면 다음 해에 종합소득세 신고할 때 필요경비로 인정도 해준다. 그래서 괜찮은 걸까? 예전엔 전혀 법적인 근거도 없었는데 이 정도면 얼마나 세상 좋아졌냐며 권리금은 나갈 때 받으면 되는 거고 이 자리에서 그 정도 매출 충분히 나오니까 걱정하지 말라고? 정말 그럴까?

결론부터 말하자면 절대 그렇지 않다.

그렇지 않은 이유는 크게 세 가지다.

첫째, 사람이다. 개인차가 있기 때문이다. 적지 않다. 매우 크다. 그 사업을 하는 사람이 문제다.

잘하는 사람은 굳이 그 권리금 주고 들어갈 일도 없겠지만 그 돈 주고 들어가도 잘하니 상관없다. 그리고 장사 잘 해서 그 권리금 받고 나오는 것도 어렵지 않다. 하지만 문제는 반대의 경우다. 어설프고 부족한 사람이 중심상권이라는 곳에 바닥 권리금이라는 명목으로 억 소리 나는 돈 내고 들어가서는 아주 빠른 시일 안에 후회하는 일 생긴다. 자영업자들의 개인차는 정말 천차만별이다. 그들이 모여 있는 커뮤니티에 가보면 알 수 있다. 도대체 무슨 생각으로 그 큰돈을 써가며 창업을 했는지 이해가 안 되는 사람들 정말 많다. 아무 생각이 없다. 개인차는 상권분석이나 돈으로는 극복하기 어렵다. 아무리 좋은 프랜차이즈라 하더라도 아무리 상권분석 잘 해줘도 그거 운영하는 사람이 모자라면 망한다. 권리금이 순식간에 공중분해 된다. 그 개인차를 누가 평가하기 어렵다. 하지만 어림짐작 할 수는 있다. 그래서 애초에 권리금 내고 들어가는 자리는 피하는 게 상책이다.

둘째, 세무지식이 없기 때문이다. 권리금을 세무적으로 어떻게 해결해야 하는지 모른다. 안다 하더라도 답답한 것은 마찬가지다. 우선 시설권리금은 양도자가 세금계산서를 발급해 주면 합의한 금액의 10%에 해당하는 부가가치세를 함께 지불하면 된다. 시설권리금이 1억 원이라면 1천만 원(부가가치세)을 함께 지급하고 세금계산서를 수취하면 향후 도래하는 부가가치세 신고기간에 매입세액 공제를 받을 수 있다. 바닥권리금은 양도자로부터 원천세 8.8%를 징수해서 납부하면 된다. 문제는 통상 바닥권리금 내고 들어갈 자리면 간이과세배제지역일 가능성이 높고 일반과세 사업자로 시작하면 초기의 매출에 비해 지출(매입)이 많을 확률이 높고 환급을 받을 수 있다. 부가가치세 환급 받으면 마냥 좋은 걸까? 그만큼 초기 투입비용이 많았거나 장사가 안 됐다는 얘기니까 좋은 거 아니다.

그리고 권리금이 몇 천만 원에서 몇 억 원이 넘어가면 다음 도래할 종합소득세 신고 기간에 필요경비로 한 번에 계상해 주지 않는다. 보통 정액법으로 5년에 걸쳐 계상하는데 문제는 그렇게 중심 상권에서 시작한 대부분의 초보창업자들이 짧게는 몇 개월에서 길면 2년 안에 폐업한다는데 있다. 그거 경비처리 할 수 있다는 사실을 무의미하게 만드는 것은 역시 또 창업자 본인이다. 이 부분은 지금 당장은 이해가 안 되더라도 그냥 넘어가자. 2부에서 세무지식을 좀 익히고 나면 무슨 말인지 이해할 수 있다.

셋째, 망하기 때문이다. 그렇다 연결고리다. 개인차가 있고 세무지식도 없이 시작한 초보창업자는 망하고 나면 나갈 때 힘든 상황에 직면한다. 대부분 임대료 인상을 걱정하기 때문에 계약기간을 길게 잡고 싶어 하는데 아주 빠른 시일 안에 망할지도 모른다는 가능성은 염두에 두지 않는 것 같다. 계약기간을 남겨두고 운영이 불가능할 정도의 매출이면 매장 영업을 하지 않고 그냥 임대료만 내는 것이 나은 경우가 있다. 그런 누가 봐도 어려운 상태에서, 들어올 때 지불하고 시작한 바닥 권리금 받을 수 있을까? 망해서 나가는데 영업권리금 받을 수 있을까? 시설 권리금은? 만약 들어올 사람이 없으면? 만약 다른 업종으로 시작하려 한다면? 전혀 다른 얘기긴 하지만 계약서상에 원상복구를 해주고 나가기로 했다면? 이렇게 권리금은 웬만큼 잘해서는 받기 어려운 돈이다. 자꾸 망하는 경우만 얘기하는데 권리금 뭉텅이 돈 내고 시작한 초보창업자가 망하지 않고 그 돈 받아 나가는 것은 매우 힘든 일이다.

그래서 권리금이 제일 아깝다. 순식간에 사라질 돈이기 때문이다.

3

모든 종류의 상권분석은 무의미하다

지형지세, 상권력, 밀집도, 점포숫자, 교통망 연계성, 장애물시설, 유동인구와 배후지세대, 상권단절요인, 점포입지수준, 업종분석 등등.

상권분석하면 자연스럽게 따라다니는 상기와 같은 말들에 현혹되지 말자. 내가 준비되지 않으면 그 무엇도 소용없다는 사실을 알아야 한다.

상권 내 유동인구의 동선이 곧 돈줄일까? 진짜 그럴까? 단지 많이 지나다닌다고 해서 매출로 연결된다고 누가 말하는 것일까? 그렇게 믿고 싶은 건 아니고? 근거가 있을까? 누차 말하지만 그런 자리에도 임대 딱지는 붙어 있다. 심지어 공실로 오랜 기간 남아 있는 경우도 허다하다. 왜 그런 일이 생기는 걸까? 잠깐만 생각해 보면 금세 이유를 알 수 있다. 하지만 별로 고민하지 않는 것 같다. 여전히 처음이라 잘 모르는 초보 창업자가 상권분석이라는데 목을 메는 걸 보면 말이다.

상권조사방법을 알아야만 하는 걸까? 상권관련 자료를 수집하고 현장 실사를 하며 주변 업종의 분포와 유동인구 등등의 자료를 조사하는 게 도대체 무슨 도움이 된다는 것인지 고민해봐야 한다.

거듭 말하지만 어디서 팔 것인지를 먼저 정한다는 것이 실패가 너무 뻔히 보이는 순서라는 것을 알아야 한다. 어디서 팔 것인지 부터 고민한다는 것은 창업을 하는 이유가 '딱히 뭐 할 게 없어서'라는 반증이기도 하다. 전문성은 당연히 없고, 하고 싶은 일도 아니라는 얘기다. 하고 싶은 일을 해도 힘들고 지치면 포기하고 싶어진다. 하고 싶지 않은 일이야 말해 뭣하랴. 뭐든 좋은 자리에서 경쟁 업종 별로 없는 업종 골라서 비슷한 프랜차이즈 찾아보거나 별로 많지 않고 좋은 아이템 있다고 덤벼드는 꼴일 뿐이다. 장사 우습게 생각하기 때문이다. 결코 쉽지 않은 길이다. 힘겹고 외로운 싸움이다. 어쩌면 누군가에게는 창살 없는 감옥이 될 수도 있다.

정말 수많은 젊은 창업자들이 건강상의 이유로, 자녀의 문제로, 직원 또는 고객과의 마찰로, 그 밖의 여러 가지 정말 다양한 이유로 창업한 것을 후회하고 다시 되돌릴 수만 있다면 며칠 전에 다녀온 그 더럽던 목욕탕 욕조의 물을 다 마실 수도 있을 것 같다는 얘기도 본 적 있다. 그만큼 고통스럽다는 얘기다. 되돌릴 수만 있다면 무슨 짓이든 하고 싶다는 얘기지만 누구도 이미 지나온 시간을 되돌릴 수는 없다. 선택에 후회가 없으려면 신중해야 하고 신중한 것만으로는 해결할 수 없을 때 해결방법은 어쩌면 정말 쉽다. 가볍게 시작하는 것이다. 다르게 시작하는 것이다. 그 얘기는 다른 책에 좀 더 자세히 써놨다. 여기서는 상권분석을 버려야 한다는 얘기에 좀 더 집중해보자.

상권을 버리면 정말 많은 문제들이 해결된다.

우선 초기 창업자금 대부분을 아낄 수 있다. 그것만으로도 충분히 가치 있다. 그러면 조금 더 구석진 곳으로 들어간다는 것이고 권리금 같은 건 없고 보증금도 싸고 월 임대료도 저렴하게 구할 수 있다. 그러면 그렇게 아낀 돈으로 마케팅 비용을 더 쓰거나, 인테리어를 더 훌륭하게 할 생각을 하는데 제발 그거 하지 마라는 얘기도 계속 해왔다.

가끔 기존의 일반과세사업자의 점포를 포괄양수를 하는 경우가 있는데 꼭 일반과세사업자로 시작해야 하는 업종이 아니라면 간이과세사업자로 시작하는 것이 최선이다. 그리고 시설권리금은 꼭 필요한 집기 시설에 관한 것만 고려해서 중고로 구입하는 비용보다 저렴한 선에서 정리해야 한다.

임대차 계약과 관련한 분쟁은 생각보다 많고 그 금액이 클 경우엔 정말 곤란한 경우를 겪기도 한다. 그래서 임대차 계약과 관련된 금액은 최소화 할 필요가 있다. 체납국세보다 우선 변제 받을 수 있는 한도 금액(지역별 차등)을 확인하고 그 이하의 보증금으로 계약할 수 있는 조건이 무난하다. 그래야 여유 있는 운영도 가능하다.

그렇게 구석진 곳으로 가면 월고정비가 많지 않아 매출에 대한 부담감이 줄어들고 처음부터 연습하듯 성장할 시간을 가질 수 있다. 반대의 경우는 앞서도 계속 언급했지만 처음이라 잘 모르는 초보창업자가 번듯한 상권에 진입해서 부담스러운 월 고정비용에 대한 부담 때문에 매출에 연연하게 되고 많은 손님을 유치하기 위한 다양한 시간과 비용을 들여야 하고 그 많은 손님을 유치하기 위해서는 한 번도 경험해 본 적 없는 직원을 채용하고, 관리하고, 맡겨야 하는 다양한 업무들이 있는데 해보면 알겠지만 감당하기 어렵다. 거기서 받기 시작하는 스트레스는 상상을 초월한다. 손님이 많으면 많은 대로 힘들고, 없으면 없는 대로 힘들다. 애초에 마진율이 워낙 낮은 상태로 시작하기 때문에 비교적 많은 매출이 발생하더라도 장기적으로 보면 적자인 경우가 허다하다. 순이익이 28% 미만이라면 당장 운영은 될 지 모르지만 장기적으로는 적자라고 보면 된다.

그러니 상권분석이니 상권에 자꾸 돈 쓸 생각하지 마시라. 무의미해진다.

4

상권분석의 본질은 불리한 경쟁이다

무엇을 어떻게 팔든 창업을 시작하려는 그곳이 번화가든 빌딩 오피스가든 주택가나 아파트 단지든 간에 대부분의 사람들이 좋다고 하는 곳은 무조건 비싸고 그곳에 들어가는 순간 치명적인 경쟁을 하지 않을 수 없다.

토지의 형태, 도로의 접근성, 통행량, 시인성, 연결성, 자연적 지세나 위치가 좋다는 것은 누구의 기준일까? 고객의 기준일까? 사업자의 기준일까? 상권분석으로 먹고 사는 소위 상권분석전문가들의 기준일까? 일반적인 기준으로 그 다양한 좋은 조건에는 당연히 많은 비용이 들어가기 마련이다. 초기 비용부터 고정비용까지 끊임없이 창업자의 숨통을 조이는 교수대 역할을 하게 된다. 그 뻔히 보이는 끝을 전혀 책임지지 않을 놈들이 중요하다고 떠들어 대는 그 좋은 조건에 목숨같은 돈을 내 놓지 말자. 접근성과 가시성이 좋으면 매출증대에 효율적일까? 물론 그럴 수도 있다. 하지만 장기적인 관점에서는 손해라는 것을 알아야 한다. 그 얘기도 결국 해야 하고 알아야 한다.

모두가 바라마지 않는 그 좋은 상권에서 특별한 제품을 파는 것은 쉽지 않다. 특별한 제품은 굳이 비싼 임대료 내면서 중심상권에서 팔 이유가 없기 때문이다. 유명한 맛집이 중심상권에 없는 가장 쉽게 알 수 있는 이유다. 그러니 비싼 임대료 내고 보편적인 제품을 취급할 수밖에 없다. 그래서 대부분의 창업자들이 택하는 것이 프랜차이즈 방식이다. 대부분의 업종이 프랜차이즈화 됐기 때문에 어떤 업종을 하려하든 해당업종의 프랜차이즈를 찾는 것은 어렵지 않다. 그 프랜차이즈의 실태를 잘 알아보는 것은 별개로 하더라도 브랜드의 인지도나 가맹점의 숫자에 따라 투입비용도 천차만별이다. 그러니 나름 중심상권이라는 곳에 들어가면 도대체 상권분석이라는 게 과연 의미가 있나 싶을 정도로 유사한 브랜드가 건물마다 있고 심지어 같은 건물에 있기도 하고 같은 브랜드도 출점거리제한이란 게 있기나 한 건가 싶을 정도로 가까운 곳에 있기도 하다.

거의 비슷한 메뉴를 파는 식당이지만 어떤 집은 손님이 제법 있고, 어떤 집은 텅 비어 있는 경우는 비일비재하다. 어떤 중심상권에 가 봐도 그런 광경을 볼 수 있다. 업종불문이다. 왜 그런 걸까? 상권분석의 결과일까? 브랜드의 차이일까? 그들 대부분은 어떤 결정권도 갖지 못한 채로 시작한다. 재료의 자체적인 구매도, 메뉴의 종류도, 레시피의 변경도, 심지어 영업시간과 휴일조차도 마음대로 할 수 없다. 그게 계약조건이다. 그래서 그들이 할 수 있는 최선은 조금 더 일찍 출근해서 더 깨끗이 청소를 하는 것 정도다.

그런데 그렇게 시작한 장사라 하더라도 처음에 예상한 매출이 있고 그에 따른 고정비와 변동비의 지출이 생기기 마련인데, 예상한 매출이 그러니까 프랜차이즈 본점에서 처음에 제시했던 혹은 계획했던 예상매출이 생기지 않는다. 주변에 경쟁자가 너무 많기 때문이다. 굳이 이 가게가 아니어도 온갖 종류의 비슷한 메뉴들이 어딜 가도 있기 때문이다. 유동인구가 많고, 역세권이고, 1층에, 주차장까지 갖추고 나면 그 모든 비용이 제품의 가격에 포함될 수밖에 없다. 할인행사를 하네, 전단지를 돌리네, 온갖 종류의 마케팅에 돈을 쏟고 어떻게든 매출을 올리려고 안간힘을 쓰다보면 적자로 운영되고 있다는 사실을 알게 된다. 그 와중에 어떤 직원과 알바를 고용하게 되느냐도 그 사장의 능력과 운이겠지만 그 사장의 자질도 정말 중요하 역할을 한다는 사실을 간과해서는 안 된다. 소위 진상 사장이 있고 베테랑 사장이 있다. 리더십이라는 자질을 갖추었는지 여부가 정말 중요한 역할을 한다. 자영업자들의 커뮤니티에 가보면 알 수 있다. 도대체 자신이 무슨 짓을 하고 있는지 모르는 사람들 정말 많다. 일명 개진상이다. 고객과 직원과 알바만 진상이 있는 게 아니다. 사장도 진상이 있다. 그러니까 누구 할 거 없이 진상인 사람이 있기 마련이다. 누가 정해준 것도 아니지만 어딜 가나 그런 사람은 있게 마련이다.

또한, 여기서 우리의 관심사는 그 중심상권에 들어가서 창업을 시작한 사장이 어떤 자질을 갖춘 사람인가 하는 것이다. 그 수많은 다양한 자질을 갖춘 사장들이 자신의 거의 모든 것을 걸고 미친 듯이 열심히 일을 한다고 생각하면 된다. 흔히들 부지런하고 열심히만 하면 중간은 한다고 하지만 요즘 부지런하지 않고 열심히 하지 않는 사람은 없다. 적어도 스스로는 열심히 한다고 생각한다. 곁에서 훈수 두는 입장에서는 어림도 없는 경우도 있지만 대부분 정말 열심히 자리도 지키고 살아남기 위해 발버둥 치고 있다. 그런 사람들과 싸우는 것이다. 비슷비슷한 무기를 들고 말이다. 결국 누가 이길까? 자금 여력이 있고 더 능력 뛰어난 사람이 이길 수밖에 없다. 직원관리도 잘하고, 손님 응대도 잘하고, 세무 지식도 있고, 배달 앱이나 대행 기사들과의 관계도 좋고, 거래처와의 관계까지 좋은 사장님들이 있다. 타고난 사람도 있고 성장한 사람도 있다. 그들과 싸우러 들어가는 거라고 보면 된다. 그 비싸고 감당하기 어려운 자리에. 평범하기 이를 데 없는 사람들에게는 정말 불리하기 짝이 없는 싸움일 뿐이다. 그래서 이기기 어렵고 그래서 살아남기 어렵다. 그래서 대부분 아주 빠른 시일 안에 망한다.

■ 상권분석이라고?

5

경쟁해서는 이길 수 없다

그런 그들과 그 상권에서 싸워서는 결코 이길 수 없다. 개인차를 극복할 수 없기 때문이다. 그들을 이길 수 있는 방법은 없다. 피하는 길 밖에 없다. 그래서 그들이 있는 곳에 뛰어들면 안 된다는 얘기 계속하고 있다. 강의할 때마다 하는 얘기가 있다. 학교 다닐 때 전교 1등을 단 한 번도 놓쳐 본 적이 없는 분, 계신지 물어보면 다들 웃는다. 전교 1등은커녕 상위권에도 들어본 적이 없는 사람들이 태반이다.

상위권에 가면 등수 1등 올리는 것이 정말 불가능에 가까울 정도로 어렵다. 왜냐하면 다들 미친 듯이 열심히 공부하기 때문이다. 대부분 고만고만한 지능에 비슷한 방식으로 공부하고 그저 시험문제 하나 더 잘 푸는 연습을 하는 것이기 때문이다. 경쟁은 그만큼 혹독하다. 아무리 열심히 해도 넘을 수 없는 벽이 있다.

제아무리 돈 많이 준비하고 철저히 준비하고 공부 많이 해서 창업해도 해 보면 안다. 어쩔 수 없다는 것을. 경기가 안 좋은 걸 어떻게 하나. 사람이 안 다니는 걸 어떻게 하나. 굳이 여기 아니어도 파는 걸 어떻게 하나. 시작할 때는 없었는데 6개월도 채 지나지 않아 비슷한 가게가 주변에 엄청나게 생기는 걸 어떻게 하나. 기계가 말썽을 부리거나, 사람이 말썽을 부리거나, 고객이 울화통 터지게 하는 걸 어떻게 하나. 집이 엉망이 되어 간다는 것을 알아도 그만 둘 수 없는 상황에 직면한 정말 많은 사장님들의 한탄을 보고 있으면 남의 일이지만 너무 안타깝다. 하지만 누굴 탓할 것인가. 그 경쟁의 틈바구니에 전 재산 털어 뛰어든 것은 자신이라는 걸 아니까 더 미칠 노릇이다.

경쟁해서 이길 수 없는 가장 큰 이유는 경쟁자보다 뛰어나다는 것을 객관적으로 증명할 방법이 없기 때문이다. 그걸 증명하기 위해서 대부분의 실패자들이 선택하는 방법이 스펙을 쌓는 것이다. 무슨 졸업장에, 자격증에, 경력에, 점수를 받기 위해 많은 시간과 노력과 비용을 쏟아 붓는다. 그런데 그게 자신이 다른 경쟁자보다 뛰어나다는 것을 증명하는데 아무런 역할을 하지 못한다는 것을 경쟁하고 난 후에야 깨닫고 좌절하고 포기한다. 그동안 투자한 시간과 노력과 비용은? 보상받을 수 있을까? 못 받는다.

외국의 명문대를 졸업하고도 변변한 직업을 갖지 못하는 사람이 있고, 변변한 대학을 졸업한 것도 아닌데 남들 다 부러워할 만한 성공을 거둔 사람들이 있는 것은 그냥 개인차일 뿐이다. 대단히 어려운 전문자격증을 가진 사람들 중에서도 잘하는 사람은 잘하지만 못하는 사람은 하는 족족 망하는 것도 같은 이치다. 의사든 변호사든 세무사든 다 마찬가지다. 그중 가장 특별한 대접을 받는 의사라는 직업 안에도 우열이 있고 격차가 있다. 같은 시험을 통과했다고 해서 모두 좋은(?) 의사가 되는 것이 아니다. 그들이 개업을 하고 대부분 망하는 이유가 상권분석을 잘 못해서 일까? 결코 그렇지 않다. 그저 그들도 초보창업자일 뿐이기 때문이다. 어딜 가도 있는 내과, 소아과, 외과, 비뇨기과, 피부과로 다른 의사들과 경쟁하며 시작했기 때문이고 어딘가에서 시작해야 한다는 고정관념으로 시작했기 때문이다. 그리고 정말 중요한 것은 그들에게 직원이라 할 수 있는 간호사를 잘 못 만나기도 하고 잘 만나도 잘 못 헤어지기도 하기 때문이다. 사람과의 관계가 원활하지 못한 경우가 많기 때문이다. 대단히 중차대한 경우가 아니라면 동네의원에서 다루는 병증은 대동소이하다. 그래서 더욱 자신이 다른의사들보다 뛰어나다는 것을 증명하기 어렵다. 하필이면 건물마다 병원이 있는 동네에서 개원을 하는 이유가 뭘까? 멍청한 결정이다.

국가에서 인정하는 기능장이라는 타이틀을 내걸고도 망하는 제과점이나 세탁소가 있고 거대한 기업이 되는 곳도 있다. 가장 큰 차이는 과연 그 일을 누가 하느냐에 달려있다는 것이다. 결코 상권분석이 좌우하는 것이 아니라는 얘기다. 그들이 하려는 그 일이, 팔거나 취급하려는 제품이 대단히 특별한 경우가 아니라면 경쟁 사업자보다 뛰어나다는 것을 증명하는 것이 정말 어렵기 때문이다. 더군다나 매출에 연연할 수밖에 없는 제약을 스스로 만들고 시작한다는 것이 운신의 폭을 더 줄이는 꼴이다.

상권분석을 한다는 것은 그래서 경쟁자들과 돈으로 경쟁을 한다는 것은 이길 수 없는 싸움을 시작하는 것과 전혀 다르지 않다. 병법에 이르기를 싸우지 않고 이기는 것이 진짜 이기는 것이라 했다. 그러니 패배가 뻔히 보이는 싸움을 시작하는 것은 얼마나 어리석은 짓인가. 제발 상권분석 같은 소리 좀 하지 말자. 그 안에서 경쟁으로 웬만해선 상대를 이길 수 없다. 그 대단히 어렵지 않은 사실을 받아들이기만 하면 정말 쉬운 싸움을 할 수 있다. 경쟁하지도 않고 패배도 없는 싸움을.

6

주차장은 치명적이다

지리적으로 여러 측면에서 유리한 입지를 선호하는 것과 더불어 이왕 접근성이 좋으려면 주차장을 갖추거나 주변에 공영주차장이 있거나, 하다못해 주차비를 지원하는 방식이라도 갖추려는 경우가 많다. 그런 경우 당연히 초기투입비용이 크거나 고정비용이 많이 들 수밖에 없다. 공영주차장 바로 앞에 있는 상가는 권리금부터 터무니없이 부를 것이고 보증금에 월 임대료도 만만치 않기 때문이다. 소위 접근성 좋은 역세권 중심상권 되시겠다.

본질을 망각한 창업이 성공할 리 없다. 자신의 경쟁력이 상권이 되고 주차장이 되어서는 결코 살아남을 수 없다.

주차장을 갖추고 싶은 욕망이 실패의 치명적인 원인이 되는 이유와 과정을 살펴보자.

고객에게 편의를 제공하고 싶기 때문이라고 말하지만 결국 매출에 대한 욕심 때문에 주차장을 찾은 것이다. 더 많은 사람들이 자신의 제품을 손쉽게 접할 수 있기를 바라는 마음이다. 그런데 그 욕심을 채우기 위해 투입한 초기비용과 운영중 고정비용이 제품의 가격에 반영될 수밖에 없다. 제품의 본질을 훼손하는 아주 큰 요인이 된다. 만 원짜리 음식 팔면서 주차비 지원해주거나 주차장을 운영하는데 드는 비용이 마진율을 낮추는 역할을 한다. 고객들이 굳이 주차의 편의를 위해 찾아야 한다면 좀 더 거대하고 좋은 곳도 많다. 백화점이나 대형마트 같은 곳에 가서도 구할 수 있는 제품을 굳이 영세한 자영업자가 주차장씩이나 마련해서 팔 이유가 없다.

지역마다 제법 규모가 있는 공영주차장 주변에는 다양한 상권이 존재하고 그 상권 안에는 주차장을 활용하는 곳과 활용하지 않는 곳이 있다. 굳이 그 주차장을 활용하지 않아도 제품의 본질에 집중해서 좀 더 좋은 품질의 제품을 제공하거나 좀 더 마진율 높은 제품을 제공하는 방향으로 가야 한다. 그걸 알고 애초에 그렇게 운영하는 사람과 그렇지 않은 사람의 가게 중에 어떤 곳이 더 잘 될까? 주차비를 지원해주는 곳일까? 고객들이 진짜 원하는 것이 주차장일까? 주차비를 지원해주지 않더라도 주차비는 부담하더라도 같은 메뉴라도 더 맛있거나 더 가치있는 곳을 선호할 수밖에 없다. 그래서 주차장은 매출과 장기적인 안목에서 치명적이다. 소위 상권분석을 하고 중심상권은 아니더라도 비교적 비싼 곳에서 주차장을 안고 시작하는 순간 망했다고 생각하면 된다. 주차비에 연연하는 고객은 사업자가 제공하는 제품의 가치에 높은 점수를 주지 않거나 가치를 모르는 경우가 되겠다. 제품의 가치가 낮다면 높여야 하고 높은 제품의 가치를 모르고 주차비에 연연하는 고객은 버리면 된다.

모든 고객을 유치하려는 욕심을 버리면 좀 더 편안하게 매출을 높일 수 있다. 내 제품의 가치를 아는 고객에게 좀 더 집중하시라. 그리고 애초에 제품의 가치를 높이기 위한 고민으로 창업을 시작해야 한다. 상권분석과 주차장을 겸비한 매장이 창업의 본질이 아니다. 그런 매장은 적어도 혼자 운영하기는 어려울 정도로 규모가 있기 마련이고 직원을 채용해야 하고, 창업자 본인이 모든 업무를 통괄하고 지시할 수 있으면 좋겠지만 그렇지 못한 경우가 대부분이다. 본사에서 교육받은 게 전부일 경우 좀 더 능숙한 직원이나 알바에게 휘둘릴 가능성이 매우 높고, 시간이 지나면서 불협화음이 생기게 마련이다. 그렇게 안 좋게 헤어지면 노무관련해서 분쟁이 생기기 쉽고 근로계약서의 작성이나 각종 수당에 대한 지식이 없으면 고용노동부에 불려 다니면서 멘탈을 안드로메다에 보내는 일이 생기게 마련이다. 애초에 예상했던 것과 달리 매출은 들쑥날쑥하게 되고 전단지나 각종 SNS 마케팅에 의존하게 된다.

경험해 본 적 없는 배달의 민족이나 요기요 같은 플랫폼에 수수료를 지불하고 배달직원을 채용하거나 대행기사를 쓰는 등의 비용이 추가로 발생하게 되면 마진율은 점점 더 떨어지고 다양해진 매출의 종류에 따른 세무적인 지식도 없어서 세무대리인에게 맡기게 된다. 모르고 맡기는 순간부터 절세는 물 건너간다. 자신이 판매하는 단일 제품에 대한 납부해야 할 부가가치세를 구할 줄도 모르고, 월 단위 납부 부가가치세의 계산은 당연히 모른다. 만약 그런 정도의 지식이 있다면 매월 파악한 매출과 매입 자료에 대한 관리가 가능하고 납부할 부가가치세를 줄이기 위한 고민도 하고 재원도 준비할 수 있게 된다. 그런데 그 정도 하는 창업자는 거의 없다. 그게 대단히 어려운 것도 아닌데 안하는 이유가 뭘까? 아무도 알려주지 않기 때문이다.

모두가 무턱대고 맡기라고만 하기 때문이다.

'상권분석은 우리에게 맡겨라. 성공의 80%를 좌우하는 것이 상권분석이다.' 그리고 대단히 복잡하고 어려운 뭔가 있는 것처럼 방법들을 설명한다. 그토록 어렵던 학창시절의 수학이며 과학문제들을 풀어대던 우등생들이 조금만 생소한 용어들 얘기만 하면 손사래를 치며 알아서 잘 해달라고 소위 전문가들에게 부탁한다.

'세무업무는 우리에게 맡겨라. 당신은 사업에나 집중해라.' 그리고 주워들은 소리가 있어서 세무대리를 맡긴 세무사에게 절세를 위한 무슨 방법들을 제안하면 '그러다 세무조사 나올 수 있다'는 말로 초보창업자를 협박하기도 한다. 물론 진짜로 세무조사 나올만한 얘기들을 하기도 한다. 몰라서 그런 얘기들을 듣고 실행하기도 한다. 알면 제대로 할 수 있고 세무조사 받지 않고도 절세할 수 있게 된다.

상권분석이든 세무관리든 모르고 맡기지 말고 알고 부리면 많은 돈을 아낄 수 있고, 적어도 망하지는 않는다.

모르고 맡기고 상권분석으로 시작해서 주차장에 욕심을 내면 되돌릴 수 없는 상황에 직면하게 된다. 그러니 당신이 팔고자 하는 제품의 본질에 집중해라. 주차장은 버리고 가자.

7

1층이 압도적으로 많은 이유

정말 1층이 가장 비싸고 그만큼 선호도가 높기 때문이기도 하다. 심지어 계단 한 칸 두 칸에 월 임대료가 몇 십만 원에서 몇 백만 원까지 차이가 나기도 한다. 그래서 1층에 대한 집착은 가히 상상을 초월한다. 대부분의 업종은 지하나 2층, 혹은 그 이상으로 올라가는 것을 극도로 꺼린다. 1층에 목을 메는 가장 큰 이유는 그거(상권과 1층과 주차장) 아니면 내세울 게 없기 때문이다. 접근의 용이성과 노출빈도가 매출에 밀접한 관계가 있다고 믿기 때문이다. 장사가 안 되는 이유가 계단 옆에 경사로가 없어서라고 생각하기 때문이다. 그런 생각을 하는 너무나 뻔한 이유는 나 아닌 누구라도 더싼 가격에 더 나은 품질로 제공할 가능성이 높기 때문이다. 고정관념에 사로잡혀 있기 때문이다. 악당들의 사탕발림에 놀아났기 때문이다. 계단도 없는 1층에서 시작해도 심지어 주차장까지 있어도 망할 놈들은 다 망한다. 개인차는 중심상권으로는 1층 따위로는 결코 넘을 수 없기 때문이다. 애초에 잘못된 가장 큰 문제는 고객이 목적의식을 갖게 하는 것을 포기했기 때문이다.

목적의식을 가진 고객은 그곳이 중심상권이어서가 아니라, 그곳이 계단도 없고 혹은 경사로가 잘 설치된 1층에 있어서가 아니라, 주차장이 있어서가 아니라 그 제품이 그 곳에 있기 때문에 찾는 것이다.

방송 중에만 반짝하고 사라지곤 하는 골목식당에서 백종원 대표의 솔루션을 받았던 가게들을 찾아 줄을 서는 고객들이 그 가게에서나 먹을 수 있는 어떤 특정 제품을 먹기 위해 멀리서 찾아오고 새벽부터 줄을 서는 것도 마다하지 않는 것은 너무나 뚜렷한 목적의식을 갖고 있기 때문이다. 골목식당에서 대표적인 식당이 포방터 시장의 돈까스 집이다. 처음에 메뉴가 23가지나 될 때는 있는 듯 없는 듯한 가게였지만 우여곡절 끝에 메뉴를 2개로 줄인 후에 새벽부터 줄을 서고 방학 때는 전날 저녁부터 줄을 서는 특별한 가게가 되었다. 제주도로 이전한 이후에도 코로나가 한참일 때에도 새벽부터 텐트까지 치고 줄을 서는 상황은 현재까지 끊이지 않고 있다. 물론 너무 저렴한 가격이라는 문제점이 없는 것은 아니지만 그건 또 골목식당이라는 프로그램과 백종원 대표의 조합이 만들어낸 특성이라 어쩔 수 없다. 나는 그 가격대를 유지하는 것을 '골목식당과 백종원의 늪'이라고 부른다. 하지만 고객으로부터 목적의식을 갖게 하는 좋은 사례인 것은 분명하다. 1층이 목적이어서는 결코 경쟁자들을 이길 수 없다.

1층이 비싼 이유는 많이 찾기 때문이고 자신이 팔고 싶은 제품이나 상품이 고객들에게 목적의식을 갖게 하는 것이 아니라 다만 더 많이 눈에 띄고 더 접근성이 용이한 곳에서 팔아야 더 많이 더 잘 팔 수 있다고 생각하기 때문이다. 그 어리석은 믿음은 철저히 버림받았다. 전혀 그렇지 않다는 사실을 시작할 때는 전혀 모른다. 그게 대부분의 자영업자들이 빠져있는 함정이다. 모든 것을 잃기 전에는 빠져나올 수조차 없다. 빠져나오는 순간 모든 것을 잃기 때문이다. 손실의 확정이기 때문이다. 권리금? 어림없는 소리다. 보증금은? 밀린 월세 제하고 나면 남는 것도 없다. 보증금은 어차피 돌려받을 돈이라 생각하기 쉽지만 감당하기 힘든 월 임대료로 시작하면 억대 보증금도 그냥 사라진다. 그게 현실이다. 1층? 망하기 딱 좋은 자리다. 모든 도시의 중심상권의 1층에 임대 안내 현수막이 즐비한 건 자영업자들이 철썩 같이 믿고 있는 그 1층이라는 자리의 힘이 전혀 발휘되지 못한다는 반증이다. 그 1층을 원하는 사람이 압도적으로 많은 이유는 대부분 비슷한 생각을 하고 있다는 뜻이고 비슷한 결말을 맞이하게 될 것이라는 것이다. 그래서 참 다행이다. 반면교사로서.

6

좋은 입지의 조건

　창업을 준비하는 사람들에게 성공하기 위해서는 점포의 위치는 이동하는 사람이 많이 존재해야 하고, 접근하기 쉬워야 하고, 눈에 띄어야 한다는 건 악당들의 주장에 불과하다. 그들이 말하는 좋은 입지 조건은 처음이라 잘 모르는 초보창업자에게 결코 좋지 않다. 좋기는커녕 악재다. 악수다. 창업을 준비하는 사람들조차도 그렇게 생각한다. 그게 참 안타깝다. 그러고 나서 엄청난 돈을 잃고 난 후에 수업료 낸 셈 치겠다는 사람들도 만났고 그런 셈 치라고 위로하는 사람들도 만났다. 정말 무책임한 사람들이다. 적어도 자신에게 그리고 가장 소중한 가족 및 주변인들에게 그렇다. 그 후유증은 상당히 오랫동안 당사자와 주변인을 괴롭히는 원흉이 된다.

　그래서 초보창업자에게 좋은 입지 조건은 무조건 가장 싼 곳이어야 한다. 일단 점포에 투입되는 비용이 적어야 하는 이유는 뒤에서도 계속 얘기하겠지만 세금적인 측면에서도 유리하기 때문이기도 하다. 간이과세사업자로 시작해야 하는 이유는 차고 넘친다. 일반과세사업자로 시작해야 하는 법적인 이유만 아니라면 굳이 일반과세사업자로 시작할 하등의 이유가 없다.

창업에서 가장 많은 돈이 투입되는 시기는 초기이며, 가장 많은 돈이 투입되는 곳은 입지 곧 점포다. 인테리어비용까지도 엄청나다. 그건 창업을 시작하는 모두에게 적용되는 조건이다. 크게 시작하든 작게 시작하든 마찬가지다.

싼 곳에서 시작한다는 것은 소위 모두가 원하는 중심상권에서 벗어난다는 것이고, 접근성이 떨어진다는 것이고, 눈에 잘 띄지 않는 곳인데다가 유동인구도 별로 없는 곳이다. 그런 곳이 왜 초보창업자에게 반드시 필요할까? 그런 곳에서 시작하면 홍보비용이 훨씬 많이 들어가는 거 아닌가요? 그러면 조삼모사 아닌가요?

중심상권에 있으면 홍보효과는 얼마나 될 것인가? 매출에 어떤 영향이 있을까? 알 수 없다. 그럼 알 수 있는 곳에 집중하는 것이 맞다. 알 수 있는 것이 어떤 것들이 있는 지 알아보자.

중심상권을 버린다는 것은 프랜차이즈 가맹점으로 시작하지 않는다는 것과 같은 말이다. 프랜차이즈 본점은 가맹점의 위치를 중심상권에서 턱없이 떨어진 곳은 입점허가를 내주지 않기 때문이다. 그래서 간이과세 배제업종이 아니라면 간이과세사업자로 시작할 수 있다. 보증금과 임대료가 싼 곳은 간이과세배제지역이 아닐 테니까. 간이과세사업자는 부가가치세 납부에 대한 특혜를 받는 과세유형이다. 처음이라 잘 모르는 초보 창업자가 일 년 동안 최대한 많이 팔아도 납부할 부가가치세는 0원이 될 수 있다. 최대 18개월 간 부가가치세를 한 푼도 납부하지 않고 영업할 수 있는 기회를 놓치지 말아야 한다.

간이과세사업자로 구석진 곳에서 싸게 시작하면 매출에 대한 부담을 현저히 덜게 된다. 고정비용이 많지 않기 때문이다. 변동비는 매출에 따라 움직이기 때문에 신경 쓰지 않아도 된다.

사람도 잘 다니지 않는 구석진 곳에서 매출이 별로 많지 않기 때문에 직원을 채용할 일도 없다. 그래서 인건비를 절약할 수 있다. 그러면 하나하나 창업자 자신이 직접 해야 한다. 기계나 설비가 있다면 그 모든 것을 스스로 다룰 줄 알아야 한다. 알게 된다. 하나하나 직접 해보면 어떤 문제점이 있는 지 어떤 게 더 편한지 알게 된다. 그런 시간을 보낼 수 있다. 고정비용 부담없이, 매출에 대한 부담없이. 그렇게 몇 개월 운영해 보면 알 수 있다. 고객응대 방법, 거래처 관리방법, 세무지식도 익힐 수 있다. 애초에 가볍게 시작했기 때문에 가능하다. 무엇을 어떻게 팔 것인지를 애초에 잘 정하고 나면 이렇게 좋은 입지 조건에서 시작하는 것이 전혀 어렵지 않다. 다시 한 번 강조하지만 처음이라 잘 모르는 초보창업자에게 최고의 입지 조건은 구석지고 싼 곳이다. 그러면 매출과 고정비용에 얽매이지 않고 창업자로서 성장할 수 있는 시간을 벌 수 있다. 최대한 많은 돈을 아낄 수 있다. 그게 좋은 입지 조건의 가장 중요한 조건이다. 창업자가 성장할 기회를 줄 수 있는 지 여부다.

사장님! 소자본 창업 성공? 어렵지 않아요

1 ｜ 동선 따위는 전혀 중요하지 않다

2 ｜ 배달전문점은 구석진 곳에?

3 ｜ 제품으로 상권을 버린다

4 ｜ 관련 업종이 많으면 좋을까?

5 ｜ 고객이 몰리는 데에는 이유가 따로 있다

6 ｜ 경쟁점포 조사는 의미 없다

7 ｜ 매출액 추정과 사업타당성 분석이 가능해?

8 ｜ 상권을 버리고 상권을 만들어라

PART ①

때려 쳐!
상권분석

왜,
상권을
버려야
하는가

실사는 반드시 필요하다

1

  사람들이 얼마나 다니건 어디로 다니건 전혀 중요하지 않지만 중요하다고 말하는 사람의 의도는 역시 돈이다. 그 많은 유동인구가 몇 명이나 내 가게로 들어올지 예측한다는 게 애초에 잘못된 시작이라는 것도 알아야 한다. 애초에 내가 얼마나 팔 것인지가 중요하지 얼마나 들어올 것인지가 중요한 것이 아니다. 그래서 얼마나 많은 사람이 다니고 어디로 다니는 것이 전혀 중요한 것이 아니다. 창업의 주체가 누구인지 혼동하지 말아야 한다. 창업은 고객을 위한 것이 아니라 창업자를 위한 것이다. 그들을 기다리는 것이 아니라 그들을 기다리게 해야 한다. 그것이 창업을 준비하는 올바른 전략이다.

  유동인구의 특성을 파악하는 것은 그래서 세상에 널린 온갖 자격증을 취득하는 것과 별로 다르지 않다. 실무에 별 도움이 되지 않는다. 그저 요식행위에 불과하다. 그래서 그 특성을 파악하기도 어렵겠지만 설령 파악한다고 하더라도 내가 하려는 혹은 해야 하는 업종을 선정하는 기준으로 삼기도 하고 그 업종으로 기간별 예상 매출을 가늠하는 것은 정말 어처구니없는 얘기다. 그게 가능한 일인가? 얼마간의 사람이 어느 길로 다니는데 그 동선 안에 유사한 업종의 점포가 다섯 곳이 있으면 20%는 내 가게로 온다는 것인가? 한 가게로 몰릴 가능성은 없을까? 있다. 어쩌면 그럴 가능성이 골고루 분배될 가능성보다 훨씬 더 높다. 왜냐하면 개인차 때문이다. 역시 개인차다. 브랜드 차이? 아니라고 할 수는 없지만 그게 중요한 이유가 되지는 못한다. 어떤 브랜드든 누가 어떻게 운영하느냐에 따라 결과는 천차만별이다.

아주 쉽게 예를 들어보자. 창업자가 성실할 수는 있다. 요즘 열심히 하지 않는 사람을 더 찾기 어렵다. 친절할 수도 있다. 가식이든 진심이든 웬만하면 대부분은 친절하다. 하지만 그 척도를 누가 평가할 수 있을까? 알 수 없다. 다르기 때문이다. 열심히 하고 친절하다고 해서 제품을 제대로 만드는 숙련도가 뛰어날까? 기구나 기계를 다루는 능력이 다 같을까? 직원이 있다면 그 직원을 부리는 능력은? 그런 것들을 유동인구의 동선 따위로 업종의 분포와 숫자 따위로 층수와 규모 따위로 절대 가늠할 수 없다는 것을 조금만 생각해 보면 알 수 있다. 하지만 별로 생각하고 싶어 하지 않는다. 왜냐하면 그들은 전문가들이고 그들이 무슨 이론과 기법과

통계 사례를 들먹이며 강조하는 목적은 실패에 대한 두려움을 심어주는 것이다. 그 소중한 돈을 들여 시작하는 창업이 망하면 안 되기 때문이다. 그래서 망하지 않으려면 철저히 제대로 준비해야 하고 그 시작은 완벽한(?) 혹은 철저한(?) 상권분석이라는 한결같은 궤변을 늘어놓고 그대로 믿고 따른다.

부동산중개업과 상권분석전문가와 증권전문가들의 공통점은 무조건 돈을 쓰라는 것이다. 많이. 누굴 위한 것일까? 그리고 그들의 결론은 언제나 사후확정이다. 결과가 벌어진 이후에 이유를 찾는 식이다. 성공과 실패의 원인은 언제나 그들의 논리에 따르면 정해져 있다. 성공적인 창업으로 이어질 경우 분석을 잘 한 것이고, 창업 후 실패할 경우 창업자의 문제점을 찾아낸다. 언제나 책임을 회피할 준비가 되어 있다. 그게 소위 전문가들이라는 자들의 특징이다. 어쩌면 그래서 더 전문가가 되려하는지도 모른다. 책임지지 않을 권력을 누리기 위해서. 그래서 모든 책임은 본인이 져야 한다. 그들을 믿지 마라. 그러려면 좀 더 책임감 있는 선택을 해야 한다. 그들에게 의존하지 말자.

2. 배달전문점은 구석진 곳에?

코로나가 순식간에 바꿔버린 우리의 일상은 다시 되돌릴 수 없다. 언택트가 대세다 보니 배달전문점이 지역을 불문하고 두 배 이상 늘어가는 추세다. 그러면 배달전문점은 무조건 구석지고 싼 곳이 좋을까? 홀 매장은 좀 구석진 곳이어도 고객들이 어떻게든 찾아와서 구입하기 때문에 상관없지만 배달전문점이라면 접근성이 나쁘면 좋지 않다. 결국 제품을 배달해야 하는 기사의 접근이 용이해야 하기 때문이다. 그렇지 않으면 배달비용이 비싸지거나 기사들이 배달을 꺼리게 되는 경우가 생길 수도 있다. 접근이 용이한 곳에서 더 많이 배달하는 것이 기사 입장에서도 유리하기 때문이다. 그래서 배달전문점은 구석진 곳에서 시작하는 것이 바람직하지 않다. 굳이 배달전문점이 중심상권에 자리 잡을 이유는 없지만 지나치게 구석지고 싼 곳만을 고집해서도 안 된다.

문제는 중심상권에서 홀전문점으로 시작했다가 배달을 시작하는 경우다. 홀과 배달을 병행하는 경우 다양한 문제점이 생긴다. 하지만 대부분의 창업자들이 막연히 그리고 어쩔 수 없이 배달을 통한 판매방식으로 접근하는 것을 볼 수 있다. 흔히 배달을 통한 매출이 마진율이 높을 것 같지만 꼭 그렇지만은 않다. 부가적인 비용이 많이 발생하기 때문이다. 포장 재료비가 상품의 가격에 반영되지 못하는 경우가 대부분이다. 그리고 그 배달이라는 방식을 택하고 나면 플랫폼을 이용할 수밖에 없다. 플랫폼을 이용하지 않고 독자적인 방식으로 진행할 수도 있겠지만 그건 창업자가 선택할 몫이기도 하다. 나는 두 가지 방법 모두 잘 활용하기만 하면 얼마든지 잘 운영할 수 있다는 것을 알려주고 싶다.

플랫폼을 이용한다는 것은 일정부분 수수료를 지불한다는 것이고 그 비용이 만만치 않다. 재주는 곰이 부리고 돈은 왕서방이 번다는 옛말이 딱 맞다. 매출의 10~20% 가까이 차지하고 배달대행 비용이나 배달직원의 인건비가 또 매출의 10~20%를 차지하게 된다. 그리고 사람이 하는 일이다보니 실수나 사고가 자주 발생하고 그 책임 또한 사업자가 부담하게 된다. 돈 벌자고 시작한 일인데 돈 벌기가 정말 어려운 이유들이 많아도 너무 많다. 이 모든 불합리를 감안하고 시작하는 창업자가 별로 없다. 세무회계에 대한 지식과 관심이 거의 없기 때문이다. 그런 건 자신의 일이 아니라고 생각하기 때문이다. 그냥 그들에게 맡기려고만 하기 때문이다.

맡겨서는 어떤 것도 원하는 대로 운영해낼 수 없다. 주방장에게 전부 맡겨서는 결코 자신의 사업이라 할 수 없는 것과 마찬가지다. 그런데 잘 모른다고 전부 맡긴다. 그래서 대부분 끝이 안 좋다. 적어도 돈을 벌기 위해 창업을 시작하는 거라면 돈을 벌기 위한 공부를 해야 한다. 왜 이런 방식이어야 하는지 배달을 더 효율적으로 운영하고 이왕 플랫폼에 수수료를 지불하고 활용해야 한다면 어떻게 더 효율적으로 활용해서 매출을 올리고 수익을 극대화 할 것인지에 대한 공부를 해야 한다.

지금, 배달플랫폼은 외국기업이 독점하고 있다고 해도 과언이 아니다. 그 플랫폼에서 제공하는 어떤 상품을 어떻게 활용하는 것이 각자의 상황에 유리한 지 점검해야 한다. 배달의 민족과 요기요를 통한 매출이 90% 이상을 차지하고 있는 시장에서 남 좋은 일 시키지 않기 위해 어떤 노력이 필요한 지 고민해야 한다. 다양한 방식의 매출이 발생할 때 세무적인 측면에서 어떻게 절세를 할 수 있는지 매출의 중복과 누락 여부에 대한 판단을 하기 위해서 어떤 공부를 해야 하는지 알아야 한다. 단순히 자신의 제품만 잘 만든다고 해서 성공적인 창업으로 이어질 수 있는 것이 아니다. 그래서 창업자는 자신이 하려는 사업의 본질에 더 깊게 접근해야 한다. 남들이 구축해 놓은 프랜차이즈는 답이 될 수 없다. 수십 개에 달하지만 메뉴의 구성이나 맛은 거기서 거기인 배달 치킨 전문점들

사이에서 어떻게 차별화 할 수 있을 것인가를 고민하고 시작해야 한다. 그들과 같은 방식으로 더 많이 홍보하고 더 많은 깃발을 꽂고 더 많은 할인을 하고 더 많은 서비스를 제공하고 더 자주 이벤트를 해서 매출을 올리겠다는 바보 같은 소리는 이제 그만해야 한다. 그렇게 해서는 결코 살아남을 수 없다. 살아남을 수 있는 방법은 결코 상권이나 브랜드에 있지 않다. 무엇을 어떻게 팔 것인가에 있다. 돈을 어떻게 쓸 것인가에 달렸다. 그 돈을 제대로 쓰는 법을 깨닫고 실행하길 바란다.

3

제품으로 상권을 버린다

당신이 파려는 제품을 제대로 준비하기만 하면 상권을 버릴 수 있다. 아니 상권을 버려야 제대로 준비할 수 있다고도 하겠다. 이러나저러나 상권은 버리는 게 맞다는 얘기다. 그럼 그 상권을 버릴 수 있을 정도의 제품의 특성은 어때야 할까? 대단히 특별한 답이 있는 게 아니다. 적어도 프랜차이즈 가맹점은 아니어야 한다. 전문화하기만 하면 된다. 프랜차이즈도 전문점 많은데? 프랜차이즈는 전문점이 되기 어렵다. 굳이 그 제품이나 상품을 사기 위해 그 곳으로 가야하는 프랜차이즈는 없다고 보면 된다. 그래서 프랜차이즈는 기를 쓰고 상권에 얽매일 수밖에 없다. 그래서 제품의 특성을 전문화하는 것이 초보창업자에게 필요하다. 그러니까 어떻게 전문화 할 것인가가 중요 포인트인 것이다.

아니, 처음이라 잘 모르는 초보창업자가 어떻게 전문점을 만들어서 시작한다는 말이냐! 처음엔 다른 사람이 구축해 놓은 거 배워서 익히면서 성장해야지!

그러려면 창업을 할 게 아니라 알바부터 시작해야 한다. 가끔 어떤 바보들은 처음 창업하면서 드는 거의 전 재산에 가까운 돈을 날리면서 '비싼 수업료 낸 셈 친다'는 말로 분노를 치밀게 하기도 한다. 정말 무책임함의 극치라 할만하다.

마땅히 할 게 없어서 시작하는 창업이라도 최소한의 지식은 필요하다. 이미 십년 전부터 카페와 치킨집은 포화상태라고 했지만 여전히 카페와 치킨집은 계속 창업업체수의 상위권에 포진해 있다. 적어도 커피 기계를 다룰 줄 알고, 원리도 좀 알고, 자주 고장나는 기계의 특징도 좀 알고, 주방의 운영 및 거래처의 선정기준이나 관리방법들에 대한 지식을 익혀야 한다. 그 모든 것을 창업한 후에 알아보려는 경우는 대부분 망했다. 그리고 역시 수업료 운운한다. 멍청한 짓이다.

치킨집을 차리고 보면 튀김기가 어떤 게 좋은지, 환풍 덕트는 어느 정도 규모여야 하는지, 냉동 냉장고는 어떤 브랜드가 좋은지, 재료구입은 어떻게 하는 것이 좋은지, 최소한의 설비는 어느 정도 갖추는 것이 좋은지, 하루에 얼마나 팔 것인지를 계획하고 시작하는 것이 필요하다.

얼마나 팔 릴 것인지 예상하는 것은 안 된다. 그건 알 수 없다.

얼마나 팔 것인지 계획하는 것과 얼마나 팔 릴 것인지 예상하는 것은 전혀 다른 문제다. 창업초기 하루에 20만 원의 목표 매출을 정하는 것과 상권분석의 결과에 따라 얼마만큼 팔아야 하는 기준이 정해지고 얼마나 팔릴 것이라 예상하는 것은 전혀 다르다. 창업초기 최소한의 목표를 정하는 것은 중심상권 안에서는 불가능하기 때문이다. 그래서는 망한다.

그래서 자신의 제품에 대한 확신을 가지면 중심상권에 들어갈 이유도 없고 들어가서도 안 된다. 그래서 제품의 특성을 제대로 살리면 중심상권을 버릴 수 있다. 상권분석을 할 이유가 없다. 그럼 제품에 대한 확신을 어떻게 가질 수 있을까? 그건 다음 장에서 좀 더 구체적으로 알아보자.

4

관련 업종이 많으면 좋을까?

흔히 관련업종이 밀집한 상권에 유동인구가 많아서 매출액이 어느 정도 보장된다는 말을 많이 듣는다. 가락동 농수산물 시장이나 용산 전자상가, 경동시장, 양재동 꽃시장 같은 경우의 예를 들면서 특정 업종 밀집상권에 들어가면 유동인구가 많아서 안정적이라고 한다. 그건 정말 일반론일 뿐이다. 예를 들면 용산전자상가 월 매출액이 300억 원인데 입점 업체가 300개니까 평균 매출액이 1억 원 정도 된다는 말과 전혀 다르지 않다. 절대 그럴 일이 없다. 결코 평균 따위에 휘둘리지 마라. 반드시 존재하는 파레토의 법칙이 있을 뿐이다. 소수의 업체가 대부분의 매출을 장악하고 있을 뿐이다. 어느 분야 어느 업종을 봐도 다 마찬가지다.

흡사 손흥민이 축구 잘해서 돈을 많이 버니까 축구선수 시켜야겠다고 생각하는 것과 다르지 않다. 그럴 일은 결코 없다. 대부분의 프로선수들은 일반 직장인의 월급보다 적게 가져간다. 심지어

선수 생명도 짧고 훈련 량은 엄청 많다. 힘든 만큼 벌면 좋지만 대부분 그렇지 못하다. 개인차가 있고 우열이 있기 때문에 경쟁을 통해서는 대부분 패자가 된다. 창업뿐만 아니라 모든 분야가 그렇다. 그러니 평균이나 일반론에 휘둘리지 마시라.

넓게 보면 거대한 상권이고 좁게 보면 상권이 형성된 건물까지 축소시켜볼 수도 있다. 상권이나 건물 전체의 업종 간 조화가 필요할까? 그럴 수 있으면 좋겠지만 그럼 그대로 임차조건이 나빠진다. 여긴 뭘 하기 좋으니 좋은 조건이라는 말은 독이다. 모두가 좋아 보이는 곳은 반드시 비싼 임차료를 요구하게 마련이니까. 시내에서 8층 건물 중에 5층에서 8층까지 모텔을 운영하시는 사장님은 지하와 3층에 유흥업소가 있어서 고정 매출이 나온다고 비싼 권리금과 보증금과 월세를 내고 2년 계약을 했지만 6개월 후에 유흥업소 내부사정으로 영업을 중단하자 적자 운영이 시작됐고 1년이 지난 후에 보증금을 날렸다. 계약기간이 끝난 후에 권리금도 못받고 쫓겨나다시피 나오면서 가족이 함께 모은 소중한 돈을 다 날렸다. 너무나 쉽고 당연히 될 것 같았던 그 일이 자신이 어쩔 수 없는 외부환경에 의해 어그러지는 것은 너무 흔한 일이다. 당하는 사람들이 혹하는 이유는 그렇게 잘 된 사례만 들었기 때문이다. 운이 좋아 잘 되는 사람들도 많다. 하지만 그것만 보고 무작정 뛰어들어서 당한 사람은 훨씬 더 많다. 알려지지 않았기 때문에 경각

심을 갖지 않을 뿐이다.

이 건물에 식당이 웬 말이냐는 임대인을 만나면 좀 더 좋은 조건
으로 임차가 가능한 것과 같은 이치다. 같은 건물 안에 어떤 업종
이 있는가는 성공적인 창업에 전혀 중요하지 않다는 얘기다. 실제
로 그렇게 매일 줄서는 식당이 되는 사례는 널렸다. 진짜 중요한
것은 언제나 무엇을 어떻게 팔 것인가에 달렸다.

관련업종이나 주변 조건은 좋은 조건도 나쁜 조건도 없다. 오직
내부에 집중해서 스스로의 개선에만 에너지를 쏟으면 된다. 외부
환경에 의존해서 창업을 하면 휘둘릴 수밖에 없다. 외부환경은 대
부분 열악한 방향으로 진행될 수밖에 없다. 경기는 언제나 안 좋
았던 것처럼.

5

고객이 몰리는 데는 이유가 따로 있다

세분화 전략이 필요하다. 다양한 연령, 직업, 수입, 가치관, 태도, 취향 등을 가진 다수의 고객 중에 어떤 고객을 대상으로 창업을 할 것인가는 대단히 중요하다. 잊지 마라. 모두를 만족시킬 제품은 세상 어디에도 없다. 특정 연령대나 대상을 목적으로 시작해야 한다.

고객이 몰리는 이유가 상권에 있지 않다는 것은 분명하다. 어디든 줄서는 식당을 가보면 중심상권에 있는 곳은 없다. 중심상권에 있는 점포는 줄서는 식당이 되는 것 자체가 태생적으로 불가능하기 때문이다.

고객이 몰리는 이유가 상권분석에 따른 입지와 업종의 적절한 선택 덕분이라고 말하고 싶은 사람들의 결론은 자신들에게 맡겨서 성공을 맛보라는 것이다. 그들 역시 실패사례는 언급하지 않는다. 자신이 비용을 받아서 상권분석을 해주고 업종까지 심지어 예상 매출까지 가이드라인을 정해줬지만 망해나가는 수많은 자영업자들 얘기는 안한다. 성공사례만 얘기할 뿐이다. 그건 어쩌면 당연한 일이다. 열에 아홉은 망하는데다 아무리 그 상권분석이 정확하다 하더라도 개인차를 극복할 수는 없기 때문에. 그런데 진짜 제대로 된 상권분석 전문가라면 알 수 있을 것이다. 대부분 잘 해내기 어려운 사람이라는 사실을. 그런데 그렇게 말하지 않는다. 그리고 어쩌면 제대로 분석하면 극복할 수 있을 거라고 믿을 수도 있다. 하지만 결과는 그렇지 못하다는 것을 이미 대부분의 점포들을 운영하는 점주들이 증명하고 있다.

그래서 고객이 몰리는 이유를 상권에서 찾지 말고, 상권분석 전문가들에게 맡기지 말고, 스스로 만들어 내야 한다. 고객이 몰리는 이유를 스스로 만들어야 한다. 왜 나에게 올 수밖에 없는지 스스로도 수긍해야 한다. 그런 합당한 이유를 구축한 다음에 시작하는 것이 올바른 창업의 순서다.

그럼 고객이 몰리는 곳을 한 번 찾아보자. 어떤 곳이 고객이 많이 몰리는 지, 누가 인기가 많은 지 왜 줄을 서는 지 이유를 찾아보면 금세 알 수 있다. 그걸 봐도 모르겠다면 혹은 알아도 도저히 따라할 수 없다면 애초에 창업하겠다고 전 재산 털어 넣는 무모한 짓은 하지 말자. 애초에 프랜차이즈 하겠다고 좋은 프랜차이즈가 어떤 게 있는 지 창업박람회라는 곳에 기웃거리지 말자. 고객이 몰리는 일도 없을 테고 설령 초반에 잠깐 몰릴 수는 있을 지언정 결코 오래 유지할 수 없다. 고객이 몰릴 이유가 점점 사라지기 때문이다.

6

경쟁점포 조사는 의미없다

만약 경쟁점포가 많더라도 쾌재를 부를 수 있어야 한다. 하지만 그런 자리에 굳이 무리해서 들어갈 이유가 없다. 업종에 따른 보완도 필요 없다. 상권규모 따위는 더더욱 신경 쓰지 마라. 상권규모에 따른 업종별 적정 점포수라는 게 얼마나 코미디 같은 소린가 말이다. 요 정도 상권규모에 사장님의 업종은 적정 점포수가 5개 정돈데 3개밖에 없으니까 나쁘지 않네요. 뭐 요런 소리를 하는 사람이 있다면 그 생각을 바꿔야 한다.

돈가스 가게가 3개밖에 없으니 내가 하나 더 차리면 괜찮을 것이다? 내가 잘 하리라는 전제조건은 깔고 가는 건가? 내가 게으를 수도 있고 영업력도 친화력도 인간성도 더러울 수 있는데? 상권분석이라는 틀을 정해 놓고 가장 중요한 운영자의 자질은 전혀 고려하지 못한다. 평균 이상의 열정과 자금력을 가진 사람이어야 한다는 조건과 기준은 따로 정해지기라도 한건가? 정말 그런 식의 상권분석을 보면 실소를 금할 수가 없다.

경쟁점포를 평가하는 항목과 기준도 있다. 도대체 그런 게 왜 중요하냐는 거지. 그렇게 평가하고 나면 그보다 잘 할 자신은 있고? 심어주는 건가? 경쟁점포는 그런 거 안 하나? 중심상권에 혹은 그 주변상권에 입점한 그 모든 창업자들이 왜 그렇게 몇 개월 버티지도 못하고 계속 바뀌는 건지 생각해 봐야 하지 않을까? 그들은 수억 원을 들여서 창업하면서 그 흔한 상권분석이라는 거 안 했을까? 다 했다. 입지분석이 어쩌고 지형 지리 교통 유동인구가 어떻고 주요 고객층이 어떻고 저렇고 경쟁업체 분포가 어떻고…. 다 했다. 그런데도 계속 망해 나간다. 어느 도시 어느 중심상권에 가 봐도 공통점이 있다면 임대 안내문이 붙은 상가가 즐비하다는 것이다.

코로나 때문이 아니다. 그 전에도 많았는데 코로나 때문에 훨씬 더 많이 빨리 늘어가고 있을 뿐이다. 그런데 그 자리 오래 비어 있다. 잘 안 들어간다. 지금은 그런 세상이 왔다. 창업이 두려운 세상. 그럼에도 불구하고 또 창업을 준비하며 주머니 안에서 돈을 주물락 거리는 사람은 넘쳐나고 과감하게 시작하는 사람도 넘쳐난다. 망해가는 숫자만큼 계속 진입하고 있다. 하지만 상권분석이란 거 하고 들어가는 그들이 아주 빠른 시일 안에 망할 것은 불을 보듯 뻔하다.

그들은 세무에 대한 지식이 전무하다. 그냥 모르고 맡길 뿐이다. 세무는 어렵고 귀찮으니까. 그런데 장사는 훨씬 어렵고 귀찮은 일이다. 그 어렵고 귀찮은 일을 전 재산을 털어 넣고 시작하면서 아무 생각이 없다. 그래서 처음엔 마음이 아팠지만 보면 볼수록 화가 치밀어 오른다. 그래서 그런 멍청한 짓 좀 그만하라고 계속해서 떠들고, 글을 쓰고 있다.

7

매출액 추정과
사업타당성 분석이 가능해?

창업을 준비하는 사람과 기존의 창업자들은 매출에 가장 많은 관심을 보인다. 물론 매출 중요하다. 얼마나 벌 것인지가 중요한 지표이기는 하다. 하지만 무한한 자금력을 가지지 못한 영세한 자영업자는 언제나 고정비용을 고민하고 예상보다 매출이 적은 것을 넘어 극단적으로 매출이 없을 경우 얼마나 버틸 수 있는지, 얼마나 줄여서 운영할 수 있는지 분석하고 시작해야 한다. 그래서 처음이라 잘 모르는 초보 창업자는 매출보다는 매입 그러니까 운영하기 위한 고정비용과 변동비용에 대한 전략을 먼저 수립하고 시작해야 한다. 하지만 그런 경우는 애초에 상정하지 않는다. 그런 경우를 예상한다면 애초에 창업을 해서는 안 되는 거니까.

매출은 언제부터 언제까지 얼마나 증가할지 아무도 모른다. 추정한다는 것 자체가 무의미하다. 불가능에 가깝다. 사람들이 얼마나 많이 지나가니까 주변 동종 업종의 평균 매출이 얼마니까 평균

단가가 얼마니까 어쩌고 하는 분석은 전부 쓰레기다. 그런데 예측한다. 소위 상권분석이라는 이름으로.

매출을 예상하는 것이 아니라 목표 매출을 세우는 게 맞다.

최소한의 비용으로 시작하고 고정비를 최소화해서 아주 적은 매출을 목표로 운영한다는 개념으로 시작해야 한다. 최소한 하루에 얼마나 팔면 될지 계산하고 그러면 얼마나 버틸 수 있는지 매출이 저조한 기간 동안 변동비를 최소화해서 유지할 수 있는 방향으로 전략을 수립해야 한다. 그러면 여러 가지 잇점이 생긴다. 최소한의 매출을 위한 주력 메뉴와 판매 전략을 세울 수 있다. 초기투자비용이 적기 때문에 심리적인 안정감이 생긴다. 여유자금이 있기 때문이다. 그리고 매출이 저조한 기간 동안 계속 성장할 기회를 가질 수 있다. 중심상권에서 시작해서는 어림도 없는 얘기다.

애초에 다르게 시작해야만 모두가 망하지 않기 위해 사력을 다하는 동안 여유롭게 운영하며 안정화시킬 수 있다.

처음이라 잘 모르는 초보창업자가 상권분석을 통해 사업타당성을 평가하는 것이 가능하기는 하며 타당하기는 할까? 해당 상권에서 최고의 업종으로 가장 적합한 입지에서 시작하는 것이 타당하다고 말할 수 있을까? 누가 하든 제대로 운영할 수 있을까? 직원까지 채용해 가면서? 직원을 왜 채용하면 안 되는지는 뒤에서 따로 설명하겠지만 애초에 사람 구해서 시작하는 것은 고민조차 하지마라. 극도의 스트레스로 정신과 상담을 받아야 할지도 모른다. 농담도 협박도 아니다. 지금 초보창업자들이 그러고 있다. 다들 죽지 못해 살고 있다. 그들처럼 되지 않으려거든 그럴싸한 말들로 포장해서 유혹하는 모든 상권분석이라는 이름의 사기를 멀리해라. 사업의 타당성 같은 건 애초에 중심상권에서는 어불성설이다. 앞뒤가 전혀 안 맞다. 적어도 영세한 자영업자인 당신에게는 그렇다.

8

상권을 버리고 상권을 만들어라

매년 트렌드를 분석하고 지난해의 분석결과를 되짚어 보는 책이 베스트셀러가 된 지 몇 년이 지났다. 큰 흐름을 읽어 내는 데는 도움이 될 수도 있겠지만 개별적인 사업에 적용하기에는 무리가 있다. 업종을 자주 바꿀 수 있는 것도 아니어서 한 번 시작한 일은 제법 오랫동안 영위해야 하기 때문이다. 그런데 세상은 계속 변하고 뜨고 지는 추세는 반드시 있다. 그래서 어떤 지역의 어떤 업종이 쇠퇴하고 나면 그 많았던 무슨무슨 거리나 길들에 빈 가게들이 하나둘 씩 늘어가다가 어느새 죽은 상권이 되기도 한다. 사람들의 발길이 끊어진 곳을 죽어가는 상권이라 하며 소위 전문가들은 피해야 하는 자리라고 말한다. 하지만 그런 구석진 자리에서 쌩뚱 맞게 카페를 열고 식당을 열고 책방을 여는 별스런 창업자들이 있다.

그런데 더 나아가 그런 곳에 또 비슷한 가게들이 하나 둘 씩 생기기 시작하고 어느새 무슨 거리 무슨 거리라는 이름의 작은 상가 공동체 같은 것이 형성된다. 그 시작은 누가 한 것일까? 그 시작을 모두가 응원했을까? 모두가 반대하고 손가락질하고 가까운 사람들은 걱정했다. 행여 어려운 상황에 놓이게 될까봐. 하지만 둘러보면 알겠지만 크든 작든 세상을 놀라게 한 모든 일들은 그렇게 시작됐다. 모두가 반대하고 손가락질하고 걱정했던 그 이들이 지금의 우리가 살아가는 편리한 세상을 탄생시킨 원동력이었다. 그리고 사례들이 되었다. 웬 풍딴지같은 소린가 싶겠지만 그렇게 창업을 시작하는 것이 맞다는 얘기다. 그렇게 시작한 곳은 코로나 국면에서도 매출이 상승해서 주변의 부러움을 샀다. 그가 시작할 때 임대인조차 여기서 식당을 하겠다는 사람은 한 명도 없었는데 괜찮겠냐고 걱정까지 했다고 한다. 궁금하면 안산시 고잔동의 볼로냐 식당을 찾아가 보면 된다.

거기서 무슨 장사를 하겠다는 것이냐, 그것만 팔아서 어떻게 하겠다는 것이냐, 그렇게 팔아서 언제 팔겠다는 것이냐, 도대체 무슨 생각으로 시작하는 것이냐는 소리를 들으면 그래서 기뻐해야 할 이유가 되기도 한다. 모두가 반대하는 그 일은 성공할 가능성이 매우 높다고 생각하면 된다.

줄 서는 맛 집을 한 번 찾아가 보면 알 수 있다. 전부 구석진 곳에 있다. 중심상권에서 맛집 탄생하기가 그만큼 어렵다. 대단히 특별한 맛이 있는 것도 아니지만 비교적 구석진 곳에 있기 때문에 그런 맛이라도 가능하다. 중심상권에 있으면 그런 맛과 가격조차 버겁다. 그렇게 팔다가는 팔수록 손해라는 것을 안다.

사장님! 소자본 창업 성공? 어렵지 않아요

1 │ 실사는 반드시 필요하다

2 │ 입지와 임차조건은 비례한다

3 │ 무엇을 팔 것인가가 먼저다

4 │ 어떻게 팔 것인지 정해라

5 │ 비씨도 구매한다

6 │ 사람 구할 생각은 애초에 하지도 마라

7 │ 세금을 모르고 시작하는 창업은 망한다

8 │ 순풍과 역풍을 대하는 올바른 자세

PART ①

때려 쳐!
상권분석

개인차를
극복하는
창업 전략

실사는 반드시 필요하다

하고자 하는 일을 하는데 필요한 조건들이 갖춰졌는지 갖추는데 문제는 없는지 보는 것이 실사다. 교통량이고 유동인구 따위는 신경 쓰지 마라. 그딴 건 처음이라 잘 모르는 초보창업자인 당신에겐 전혀 중요하지 않다. 고객을 위한 편의성과 만족도는 중요하지 않다. 꼭 고려해야 한다면 청결한 화장실 정도만 보자.

실사 역시 어디서 팔 것인지가 아니라 무엇을 팔 것인지 정한 후에 시작하는 것이다. 대부분의 업종이 고려해야 할 사항이 별로 없는데 반해 음식점의 경우 정화조 시설과 도시가스에 관한 인허가 문제가 생길 수 있다. 전기를 많이 써야 하는 업종이라면 가용전력의 용량도 확인해야겠다. 요점은 외부가 아니라 내부에 집중하라는 뜻이다. 외부환경에 대해 고려해야 한다면 침수가 예상되는 지역은 피해야겠다는 정도다. 장사를 하든, 거주를 하든, 자연재해에 취약한 곳은 곤란하다.

실사의 포인트는 그런 측면이어야 한다. 누구와 경쟁할 것인지는 고민할 이유가 없다. 어차피 경쟁을 통해서는 살아남기 어렵다는 것을 받아들이면 좋겠다. 결코 당신을 무시해서가 아니다. 그냥 그렇게 힘든 길을 가지 않아도 된다는 얘기다. 아무리 뛰어난 사람도 경쟁을 통해 우위를 점하는 것은 힘겹고 지키는 것은 더욱 힘들다. 너무 많은 에너지를 일하는데 소진하고 나면 일하느라 돈 벌 시간이 없는 삶을 살 수밖에 없다. 경쟁에 지친 모두가 그렇게 사는 것처럼.

앞서 언급한 것과 같이 지금까지 세상이 정한 규칙 같은 상권분석에 대한 모든 고정관념은 내려놓고 철저히 실사를 시작해 보자.

자 첫 번째 조건, 집에서 가까운 곳이 좋다. 집 주변을 돌아다녀 보자. 아. 집이 중심상권에 있나? 대규모 아파트 단지에 살고 있나? 집 앞에 대학교가 있나? 관공서 바로 앞에 사는가? 그런 경우 안타깝지만 집에서 좀 떨어진 곳을 찾아봐야 겠다. 집에서 가까운 곳이 좋은 이유는 회사가 집에서 가까우면 좋은 이유와 같다. 직장과 집은 가까우면 많은 잇점이 있으니까. 서울의 집값이 비싼 이유가 직장과 가까운 곳에서 살고 싶은 사람들이 직장에서 가까운 집의 수보다 훨씬 많기 때문이다. 그래서 돈 없는 사람들은 더 멀리서 직장을 다니고 하루에 왕복 두 세 시간을 버스와 지하철에서 보낼 수밖에 없다. 돈 많은 사람들은 더 많은 시간을 확보하고 돈 없는 사람들은 더 바쁘다. 빈익빈 부익부는 존재하지 않는 곳이 없다. 마치 그분처럼. 가까운 곳에 가게를 얻어야 하는 이유는 충분히 설명됐으리라 본다.

두 번째 조건, 싸야 한다. 집에서 가깝다고 비싼 곳을 얻어서는 안 된다. 월 임대료는 향후 사업을 영위하는 동안 고정비가 된다. 고정비는 말 그대로 고정지출이라 향후 줄이기가 여의치 않다. 기본으로 나가는 공과금과 함께 최소한의 비용이다. 그 비용을 애초에 최소화해서 시작해야 매출이 떨어지거나 극단적인 경우 급감해도 무리가 없다. 힘든 시기는 언제든 누구에게든 찾아오게 마련이다. 보증금은 최대 1천만 원을 넘지 않는 곳을 찾아보고, 최대한 소액임차인이 최우선변제권을 확보할 수 있는 범위를 넘지 않도록 한다. 월 임대료는 지역별로 좀 다르겠지만 50만 원 전후가 무난하다. 그리고 적정 매출 기준은 월 임대료를 하루 또는 3영업일 이내에 달성할 수 있어야 한다. 그런 기준으로 보면 계획을 세우기 수월하다.

임대차 계약 후 확정일자를 받은 임차인은 경매, 공매 시 확정일자를 기준으로 변제 순위가 결정된다. 하지만 환산보증금이 일정액 이하인 소액임차인이 사업자등록을 마친 경우라면(확정일자를 받아

대항력을 갖춘 경우), 건물이 경매에 넘어가더라도 경매가액의 1/2범위 내에서 다른 권리자보다 최우선하여 보증금의 일정액을 변제 받을 수 있다. 현재 서울은 2200만 원, 수도권 과밀억제권 1900만 원, 광역시 1300만 원, 기타지역 1000만 원 정도의 범위며 본인이 시작하려는 지역의 최우선 변제권 범위금액이 얼마인지 확인한 후에 그 범위 안에서 보증금을 걸고 계약할 수 있어야 한다. 웬만해선 그런(임대물건이 공매 처리되는 등의) 불상사는 없겠지만 외부환경에 영향을 받지 않는 하나의 기준으로 생각하고 임대차계약을 하는 것이 바람직하다.

세 번째 조건은, 하려고 하는 업종에 필요한 최소한의 설비가 갖춰진 곳이 좋다. 그런 경우 약간의 시설권리금을 주고 계약하는 것도 좋다. 만약 아무것도 없는 공실상태라면 하려고 하는 업종에 필요한 최소한의 설비만 중고로 갖추면 된다. 튀김기든 냉장고든 환풍덕트든 애초에 무엇을 어떻게 팔 것인지 정하고 시작하면 어렵지 않게 구할 수 있다. 그 정도 공부는 하고 시작해야 한다.

네 번째, 인테리어는 직접 최대한 간소화해서 해야 한다. 결코 싼 곳을 구했다고 인테리어에 큰 돈을 들여서는 안 된다. 할 수 있는 최소한의 인테리어만으로도 얼마든지 멋진 곳이 될 수 있다. 깔끔하게 페인트칠 잘 하고 간단한 조명 정도만 달아도 된다. 화장실은 깨끗하게 정비하자. 세면대와 변기는 좋은 걸로 하나씩 사서 갈아도 된다. 얼마 안 한다.

　다시 요약하자면 실사의 목적은 외부의 환경보다 필요에 의한 내부의 구성을 최적화하는데 있다. 어디에 위치해서 고객들의 입장에서 얼마나 접근성이 좋은가 눈에 잘 띄는가는 처음이라 잘 모르는 초보창업자의 성패에 큰 영향을 미치지 못한다. 오히려 그런 곳은 독이 된다.

　득이 되는 상권을 찾는 제대로 된 실사가 필요하다. 그래야 개인차를 극복할 수 있다.

2

입지와 임차조건은 비례한다

좋은 입지와 나쁜 입지의 기준은 뭘까? 좋은 입지는 싼 곳, 나쁜 입지는 비싼 곳이다. 임대료가 싼 곳이 무조건 좋다. 초기투자비용과 고정비용이 적으면 다양한 전략의 구사가 가능하고 매출이 부진해도 무리수를 두지 않아 안정적인 운영이 가능하다. 반대로 준비한 창업자금 거의 전부를 초기투자비용으로 쏟아 붓고 나면 매월 막대한 고정비용 때문에 매출에 연연할 수밖에 없고 매출을 올리기 위해 무리수를 둘 수밖에 없다. 그럼 악순환의 늪에 빠지고 아주 빠른 시간 안에 망한다.

대학이 위치한 곳이든 주말이면 고객이 빠지는 곳이든 전혀 상관없다. 오직 무엇을 어떻게 팔 것인지 만이 중요하다. 대형할인점이 취급하지 않는 제품이나 업종으로 주변에서 시작하면 이미 형성된 상권에 무임승차할 수 있다는 말은 무시하자. 그런 업종을 찾기도 어려울뿐더러 당장 경쟁업체라도 생기면 가격경쟁으로 이어질 수밖에 없다. 그럼 끝이 뻔한 싸움이 된다. 망한다. 상권 따위에 자꾸 연연하면 영세한 자영업자가 살아날 방법이 없다. 전혀 없다. 상권에는 아예 신경도 쓰지 마라.

점포를 구하는 일은 쉬운 일이 아니다. 마음에 드는 점포는 턱없이 권리금이 비싸고, 입지가 떨어지는 점포는 아무래도 꺼리게 되고, 그러다 보면 나중에는 어디가 좋은지 어떻게 접근해야 할지 확신이 들지 않아 포기하게 되는 게 다반사라는 말들을 많이 한다. 점포를 구하러 다녀본 사람은 백 번 공감하는 내용이다. 그것이 대부분의 처음이라 잘 모르는 초보창업자들의 눈높이다. 딱 거기까지다. 그래서 참 쉽다. 그들과 다르게 접근하기만 하면 되기 때문이다.

턱없이 권리금이 비싼 점포는 거들떠 볼 필요도 없다. 입지가 떨어진다는 것은 외진 곳이라는 것이고 당연히 임대료는 쌀 것이다. 간이과세사업자로 시작하기 딱 좋은 위치이기도 하다. 왜 간이과세사업자로 시작해야 하는지는 다음 파트에서 자세히 설명해 줄 것이다. 임대료가 몇 백만 원씩 하는 곳은 간이과세 배제지역일 가능성이 높다. 절대 좋은 자리가 못된다. 대부분의 세무사들과 그들 중 일부가 쓴 책에는 일반과세사업자로 시작하는 것이 유리하다고 말한다. 가장 많은 돈이 투입되는 창업초기 적격증빙을 수취

해서 첫 부가가치세 신고시에 환급을 받을 수 있기 때문이라고 이유를 들지만 초기에 많은 돈을 투자할 이유도 없고 투자한다고 성공하는 것도 아니다. 환급에 연연할 이유가 없다. 그 부분 역시 다음 파트에서 이해하기로 하자.

능력에 상관없이 입지선정이 탄탄하다면 기본은 한다? 전혀 그렇지 않다. 가장 중요한 것은 창업자의 개인차다. 능력이든 운이든 반드시 성패를 좌우할 정도의 차이가 있다. 어떤 자리 어떤 업종이든 잘 하는 사람은 잘하고 못하는 사람은 못한다. 열에 일곱은 못한다. 그게 현실이다.

그런데 어떤 좋은 자리는 누가 하든 반드시 매출이 나오는 곳도 있다. 굳이 단골손님이 아니어도 지나는 사람 열에 셋은 들러서 사는 곳이 있다. 풀오토로 직원과 아르바이트생만으로도 월고정 매출이 나오는 곳이 있다. 그런 곳은 물건도 잘 나오지도 않겠지만 비싸다. 당연한 거 아닌가? 그런데 그런 자릴 찾고 싶은 건가? 그런 곳은, 그런 기회는 당신에게 돌아오지 않는다고 생각하는 게 편하다. 언제나 누가 봐도 좋은 자리나 수익이 확실한 기회는 공개되지 않는다. 자기가 갖거나 가족에게 주거나 가장 가까운 사람에게 소개시켜준다. 세상에 다시 오지 않을 기회같은 건 없다고 생각하면 편하다. 특히 제법 많은 돈을 지불해야 하는 정보라는 것들이 그렇다. 더 이상 속지 마시라. 지금까지 속아 온 걸로는 부족한가?

좋은 입지는 싼 곳이라고 말했다. 싼 곳이 좋은 것이 아니라 싼 곳이 필요하기 때문이다. 적어도 처음이라 잘 모르는 초보창업자에게는 그렇다. 그 이유는 앞서 충분히 설명했다. 그리고 잘 아는 베테랑 창업자에게도 싼 곳이 좋다. 굳이 비싼 곳에서 팔 이유가 없기 때문이다. 그럼 모두에게 싼 곳이 좋다는 얘기다. 그래서 좋은 입지는 싼 곳이다. 그래야 개인차를 극복할 수 있다.

3

무엇을 팔 것인가가 먼저다

무엇을 팔 것인가 보다 어디서 팔 것인지 부터 고민하는 초보창업자들이 힘들어 하는 가장 큰 이유 중 하나가 힘들기만 하고 재미가 없다는 것이다. 매출이 안 나오는 건 기본이고 일 자체가 적성에 안맞고 흡사 창살 없는 감옥에 갇혀 있는 기분이라는 얘기들을 많이 한다. 딱 그런 느낌이다. 그런 경우는 드물지만 간혹 매출이 좀 나와도 시간이 지나면 비슷한 상태가 된다.

아침부터 밤늦게까지 매장에서 주문받고 만들고 설거지하고 밥도 제때 못 먹고 화장실도 맘대로 못가는 상황들이 누적되고 진상고객들은 거의 매일 멘탈을 털어버린다. 그런 일들을 일상적으로 겪다 보면 돈이고 뭐고 다 그만두고 싶다는 이성적이지 못한(?) 판단을 하게 된다. 정신줄을 놓고 싶다는 하소연들을 워낙 많이 듣다 보니 이제 그러려니 한다. 나는 안 그럴 거라는 생각으로 시작한 대부분의 초보창업자가 그런 상황에 직면해 있다. 결코 남의 일이 아니다. 그 와중에 매출이 현저히 부진한 대부분의 초보창업자들이 매출이라도 있으면 그나마 나을 거라고 생각하는데 매출이 나오는 일은 거의 없다. 그래서 애초에 어디서 팔 것인지 보다 무엇을 팔 것인지가 중요하다.

무엇이든 자신이 좋아하는 일로 시작해야 한다. 음식점은 적어도 음식 만드는 일이 즐거운 사람이 해야 한다. 적어도 먹는 걸 좋아하는 사람이 하는 게 맞다. 마땅히 할 게 없어서 음식장사를 시작하면 금방 지친다. 돈을 좀 벌어도 마찬가지다. 재미없는 일은 잘 되기 어렵다. 심지어 좋아하는 일로 시작해도 힘들고 어려운 게 장사다. 그래서 잘 무너진다.

노래 부르는 게 좋은 사람은 노래로 창업을 시작하고, 피아노 치는 게 좋은 사람은 피아노 치는 걸로 창업하고, 아이들을 가르치는 걸 좋아하는 사람은 아이들을 가르치는 일을 하면 된다. 운동하는 것을 좋아하는 사람은 운동하는 걸 가르치거나 함께 하는 일을 하면 된다. 그리고 관련해서 책을 쓰면 금상첨화다. 정말 다양한 각자의 취향이 있겠지만 '하고 싶은 일을 해서는 돈을 벌지 못한다'는 고정관념 때문에 자신의 취향과 적성 따위(?)를 고려하지 못한다. 적어도 창업을 염두에 둔 사람들은 그렇다.

처음이라 잘 모르는 초보창업자가 하고 싶은 일로 창업을 해서 돈을 벌지 못하는 가장 큰 이유가 상권이다. 앞서 충분히 설명한 것처럼 막대한 고정비용을 감당하지 못한다. 처음이라 잘 모르는 초보창업자가 자신이 하고 싶은 일로 창업해서 자신이 다른 주변의 경쟁자들보다 뛰어나다는 것을 증명하기 정말 어렵다. 그래서 고작 준비하는 게 스펙이다. 어느 대학을 나오고, 무슨 전공을 했고, 어떤 자격증이 있고, 어떤 상을 탔으며, 유명한 어디서 얼마나 오랫동안 근무를 했다는 정도다. 그걸로는 절대 경쟁자보다 더 뛰어나다는 것을 증명할 수도 고객을 감동시킬 수도 없다. 그래서 하려는 업종이 적합하다는 상권을 찾아 필요하다는 분석도 하고 시작은 했지만 매출은 부진할 수밖에 없다. 일대에 룰처럼 정해진 가격대도 있어서 그마저도 마음대로 정하지 못한다. 일단 자신의 시작을 알려야 하지만 있는지도 모르니 홍보에 매진할 수밖에 없고, 그렇게 찾아온 고객에게 최선을 다하고 싶지만 책정한 상품의 가격에 맞춰 상품 혹은 제품을 제공할 수밖에 없다. 그래서 경쟁자들과 차별화는 요원하기만 하다. 결국 어디가 더 싼가, 더 많이 주는지, 더 친절한지 정도가 평가 기준이 되고 애초에 하고 싶었던 그 일의 본질에서 많이 벗어나게 된다. 그래서 쉽게 지친다. 생각보다 빠른 시일 안에. 음식점도, 학원도, 카페도, 제과점도, 무슨무슨 전문점도 다 그렇다.

처음이라 잘 모르는 초보창업자의 범주는 생각보다 넓다. 모든 전문가들도 마찬가지다. 의사도 변호사도 세무사도 변리사도 그렇게 창업하고 망한다. 모든 경쟁하는 방식은 한계가 분명하다. 더 뛰어나다는 것을 증명하는 것은 모두에게 어려운 숙제다. 그래서 애초에 더 뛰어나다는 것을 증명할 필요가 없다. 그래서 창업의 성패를 결정하는 것은 애초에 무엇을 팔 것인지를 제대로 정하는 것이고, 정했다면 그 무엇을 어떻게 팔 것인가에 달렸다. 그것이 개인차를 극복할 수 있는 가장 쉽고 빠른 방법이다.

4

어떻게 팔 것인지 정해라

무엇을 팔 것인지를 제대로 정했다면 어떻게 팔 것인지는 별로 어렵지 않다. 그 상품이나 제품이 무엇이든 다르게 팔면 된다. 다르게 판다는 것은 무슨 뜻일까? 쉽다.

결론은 단일메뉴의 한정 판매다. 순서는 이렇다. 배운다. 판다. 끝이다.

남들은 모두가 다양한 메뉴를 판다. 왜 그런 걸까? 프랜차이즈의 변화를 보면 단일메뉴의 흐름이 보인다. 예전에는 메뉴의 수가 최소 50개 이상이었다. 심지어 2백 개가 넘는 곳도 있었다. 그래야만 뛰어난 프랜차이즈로 인정받았다. 하지만 요즘엔 특정 카테고리에 한정하는 모습을 보인다. 식빵만 판다거나 핫도그만 판다거나 덮밥만 판다거나 튀김만 판다거나 하는 단일메뉴인 것처럼 보이지만 실상은 그렇지 못하다. 프랜차이즈의 태생적인 한계를 벗어나지 못하는 모습이다. 식빵의 종류가 수 십 가지다. 핫도그의 종류도 많다. 덮밥도 그렇다. 모든 프랜차이즈는 오직 하나의 단일 메뉴로는 프랜차이즈로서의 승산이나 가치가 없다고 판단하는 것 같다. 그래서 종류없는 단일 메뉴 프랜차이즈는 아직 없는 것 같다.

그런데 앞서 언급한 것과 같이 고객이 찾는 이유가 있는 곳들의 대부분은 종류없는 단일 메뉴인 곳이 대부분이다. 그냥 그것 하나만 한다. 제대로 하면 더할 나위 없이 좋겠지만 꼭 그렇지 않아도 충분하다. 한 번 가보면 알겠지만 하나만 한다고 줄을 선다고 대단히 특별한 맛이 있는 것이 아니다. 그냥 평균 이상은 한다는 느낌이 들 뿐이다. 두 시간씩 줄서서 먹을 맛은 아니라는 생각을 하게 된다. 그게 단일 메뉴의 힘이다. 그런데 안한다. 애초에 잘 못 시작했기 때문이다. 그 원흉이 바로 상권분석이다. 상권분석하고 시작하면 단일메뉴 못한다. 중심이 서지 않았기 때문이다. 이것저것 찾는 손님에게 휘둘리기 때문이다. 중심상권에서 시작하는 순간 매출에 사활을 걸어야 하기 때문에 모든 고객을 대상으로 운영하려 하기 때문이다.

그리고 단일 메뉴를 한정된 시간에 한정된 수량만 팔아야 한다. 애초에 예상 매출을 고민하는 게 아니라 매출 계획을 세워야 한다. 단일 메뉴를 하루에 몇 개만 팔겠다는 각오로 시작해야 한다. 하루 열 개로 시작할 수 있어야 한다. 그런데 중심상권에서 시작하면 애초에 불가능한 설정이다. 그래서는 어림도 없기 때문이다. 월 임대료가 몇 백만 원씩 하면 그런 짓 절대 못한다. 그래서 상권분석은 득이 아니라 독이 된다. 아무것도 할 수 없게 만드는 원흉이기 때문이다.

점심 장사만 혹은 저녁 장사만 하는 줄서는 집은 있지만 프랜차이즈 매장은 그런 일 없다. 점심 혹은 저녁만 장사해서는 절대 수지타산 못 맞추기 때문이다. 프랜차이즈를 구석진 곳에 오픈해 주지 않기 때문이다. 자신들 나름의 프로그램에 맞는 입지조건이 있기 때문이다. 상권분석과 프랜차이즈가 처음이라 잘 모르는 초보 창업자를 만나면 반드시 망하는 길로 안내할 수밖에 없는 메커니즘을 알아야 한다.

단일 메뉴의 한정판매는 반드시 줄을 서게 만들고 더 적게 일하게 만들고 더 많이 벌게 만들어 준다. 단 하나의 조건은 중심상권을 버리는 것이다. 그러면 반드시 개인차를 극복할 수 있다. 경쟁하지 않기 때문이다. 아무리 뛰어나고 잘 하는 놈이 근처에서 비슷한 메뉴로 따라 하더라도 걱정하지 않아도 된다. 이미 단일메뉴로 한정판매를 시작했다면 자신만의 독점시장을 구축할 수 있기 때문이다.

❸ 개인차를 극복하는 창업 전략

음식점도, 학원도, 카페도, 제과점도, 무슨무슨 전문점도 다 그
렇게 할 수 있다. 하나만 제대로 하면서 한정판매만 할 수 있다면
무엇이든 가능하다. 그것이 개인차를 극복할 수 있는 가장 쉽고 빠
른 방법이다.

5

비싸도 구매한다

대부분의 창업자들이 중심상권에 들어가서 프랜차이즈로 시작할 때 가장 두려워하는 것이 판매할 제품의 높은 가격이다. 언제나 자신의 제품의 판매가격은 주변 상권 유사한 업종 유사한 메뉴의 평균 가격이 기준이 된다. 약간 비싸거나 약간 싼 가격으로 책정할지언정 터무니없이 비싸게 팔지 못한다. 그게 중심상권에 들어간 창업자의 어쩔 수 없는 선택이다. 반복해서 언급하지만 매출 때문이다. 안 팔리면 어쩌나 싶은 마음 때문이다. 마음뿐만 아니라 실제로 그렇게 될 확률이 매우 높다.

굳이 비싼 돈 내고 먹을 만큼의 상품이 아닐 가능성이 높고, 꼭 그곳에서만 구할 수 있는 제품이나 상품이 아닐 것이기 때문이다. 대동소이하기 때문이다. 그래서 비싸게 팔 수 없는 것은 창업의 성패를 가른다는 그 상권분석을 하기 때문이고 그 결과로 얻은 좋은 ⑵ 입지에 자리를 잡고 시작하기 때문이라는 사실을 모른다. 그게 그렇게 이해하기 어려운 문제인가?

비싸게 팔아야 한다. 그래야 모든 게 편하다. 더 적게 일할 수 있고 더 많이 벌 수 있다. 비싸게 팔기 위해서는 어떤 준비를 해야 할까? 하나만 팔아야 한다. 그래야 더 본질에 집중할 수 있고 일관되고 높은 품질의 제품을 지속적으로 생산해 낼 수 있다. 메뉴가 두 개 이상으로 늘어나면 집중하고 일관된 품질의 제품을 지속적으로 생산해 내는 것은 요원해진다.

대부분의 자영업자들을 비롯해 일반 소비자들에게도 잘 알려진 '백종원의 골목식당'은 그런 여러 사례들을 여실히 보여준 대표적인 사례라 할 수 있다. 그 프로그램은 딱 자영업의 축소판이라 할 만 했다. 어떻게 그렇게 한결같이 다양한 메뉴를 고집했고 줄이기를 거부했고 강제적으로 손님들을 투입해서 모든 메뉴를 주문하게 하고 웬만한 실력을 가진 사람도 감당하기 어렵다는 것을 체감하고 나서야 메뉴를 줄이는데 동의하거나 하나만 제대로 하는 솔루션을 받아들였다. 그렇게 꾸준히 이어간 집이 있는 반면, 망한 가게도 있다. 그 차이는 한정판매 여부로 판가름 났다. 그리고 백종원의 골목식당은 비싸게 팔지 못하는 태생적인 한계를 가지고 있었다. 백종원 대표가 정한 골목식당의 콘셉트가 그랬기 때문이다. 그래서 아무리 잘 되더라도 쉽지는 않다. 너무 싸기 때문이다.

비싸게 팔아야 한다. 팔 수 있어야 한다. 그러려면 창업자 스스로 그 가격에 대한 자부심이 있어야 한다. 그러려면 어떻게 해야할까? 잘해야 한다. 잘하려면 어떻게 해야 할까? 부단한 노력과 노하우가 필요하다. 그런데 시간이 필요하다. 얼마나 걸릴지는 아무도 모른다. 그 또한 개인차가 있기 때문이다. 어떤 사람은 아주 빠른 시일 안에 성장해서 정상궤도에 오를 것이고 어떤 사람은 좀 더 오래 걸릴 수도 있다. 짠하고 오프하자마자 성장할 수 있는 사람은 아무도 없다. 애초에 잘 하던 사람이 자리를 옮겨서 오픈한 경우에나 그럴 수 있다. 그래서 비싸게 팔기 위해서는 상권분석하고 중심상권에서 시작해서는 안 된다는 얘길 계속하고 있다.

문제는 비싼데 누가 살까? 싶은 창업자의 고정관념이다. 모든 통계와 사례가 답을 말해주고 있다. 같은 상품도 쌀 때 보다 비쌀 때 더 많이 팔렸고, 어떤 상품이든 비싼 상품이 더 가치 있다고 생각하는 소비심리를 잘 이용한 사례는 많이 있다. 그것이 유형이든 무형이든 상관없이 비싸고 한정판매까지 하는 경우엔 가격이 한참 비싸도 구매한다. 비싸게 파는 것이 문제가 아니라 비싼 값을 못하는 것이 문제다. 그런 문제를 극복하기 위해서는 구석진 곳에서 알려지기 전에 성장하는 방법이 가장 쉽고 빠르다.

어떻게 하면 고액고객을 유치할 것인지 고민하면 된다. 그러면 상품의 가치를 높이기 위해서는 어떻게 해야 할까? 구매의욕을 자

105

❸ 개인차를 극복하는 창업 전략

극해야 한다. 그 중 가장 쉬운 것이 단일메뉴의 한정판매다. 그러면 비싸게 팔 수 있다. 단일메뉴는 전문성을 부각시킬 수 있고 시간과 수량의 한정은 고객을 조급하게 만들 수 있다. 비싸도 고객의 80%는 구매한다. 그러니 가격으로 걱정하지 않아도 된다. 적어도 단일메뉴로 결정했다면 그렇다. 그래서 중심상권을 버리고 구석진 곳에서 비싸게 팔 준비를 하는 것이 개인차를 극복하는 가장 쉽고 빠른 방법이다.

6

사람 구할 생각은 애초에 하지도 마라

상권분석부터 시작하는 멍청이 초보창업자가 가장 힘들어 하는 것은 부진한 매출도, 진상고객도 아니다. 가장 힘들게 하는 것은 진상 직원과 통제불능 알바다. 창업자의 수명을 단축시키는 가장 치명적인 문제다. 급여나, 세금이나, 합의금이나, 과징금 같은 돈 문제는 나중이다. 가장 먼저 감정으로 인한 스트레스가 멘탈을 안드로메다로 보내버린다. 그 정도 각오는 하고 시작해야 한다.

한 번도 해 본적 없는 일을 처음 시작하는 초보창업자가 상권분석을 해서 프랜차이즈 본사에서 혹은 창업컨설턴트가 잡아준 좋은 입지를 고르고 권리금을 내고 인테리어를 하고 오픈 준비를 하다보면 돈 들어 갈 데가 한 두군데가 아니고 여기 저기 불려 다니고 사람 만나다 보면 정신이 쏙 빠진다. 그런 와중에 직원을 구해야 한다. 초기투자 비용이 만만치 않은데다 월 임대료를 감당할 만큼의 매출을 목표로 정하고 보면 혼자서는 감당할 수 없다는 것을 알게 되고, 애초에 직원을 고용할 생각부터 하고 시작하기도 한다. 부부가 함께 하기도 하고, 가족 중 일부가 참여하기도 한다. 생판 모르는 사람을 직원으로 채용하기도 한다. 모든 경우에 문제가 생긴다. 심지어 이혼을 고민하는 부부도 허다하다. 가족간에 남보다 못한 말이 오가고 심지어 평생 원수가 되기도 한다. 그나마 생판 모르는 사람은 얼굴 붉히고 헤어지면 다행일까? 함께 같은 공간에서 일을 하다보면 정말 내맘 같지 않은 일들이 상상할 수도 없을 만큼 많이 생긴다.

동업과 비슷한 부분도 많다. 서로 불만이 생긴다. 부지런하지 않은 것부터, 청결하지 못한 것도, 꼼꼼하지 못한 것도, 시간을 지키지 않는 것부터 다양한 형태의 약속을 지키지 않는 것까지 모든 부분들이 문제가 된다. 여기까지는 감정의 문제다. 그 감정이란 게 참 미묘해서 잘잘못을 가리기도 어렵다. 서로의 입장 차이가 있고 어느 한쪽 편의 얘기만 들어서는 잘 모른다. 결국 소통의 부재가 원인일 경우가 대부분이지만 기본적으로 각자의 자질의 문제이기도 하다.

굉장히 심각한 문제지만 억세게(?) 운이 좋으면 일어나지 않을 수도 있는 일이고, 생각보다 덜 할 수도 있는 일이다. 하지만 돈 문제로 넘어가면 또 다른 문제다.

돈 문제는 크게 두 가지로 나눌 수 있다. 인건비에 대한 세무와 노무 문제다. 처음이라 잘 모르는 초보창업자는 둘 다 잘 모른다. 상권분석이 창업의 성패에 가장 중요한 문제라고 생각하고 접근하는 창업자라면 둘 다 모를 가능성이 매우 높다. 그래서 대개 세무대리인에게 모든 것을 맡기고 시작한다. 어렵고 복잡하고 골치 아프기 때문이다. 그래서 더 골치 아픈 일이 생긴다. 그런데 모른다. 그래서 망하는 건데 그걸 모른다.

최저임금이 얼마인지, 주휴수당은 얼마인지, 지급은 해야 하는지, 지급을 하지 않으려면 어떤 조건을 갖춰야 하는지, 4대보험료는 어떻게 계산하는지, 인건비의 필요경비 처리는 어떻게 해야 하는지, 부가가치세를 절감하기 위해서 어떤 부분을 알아야 하는지, 4대보험 가입을 거부하는 경우엔 어떻게 하는 것이 좋은지 등의 아주 기본적인 내용들에 대한 이해가 없는 상태로 창업을 한다.

대단히 어렵고 복잡한 내용 같지만 장사에 비하면 아무것도 아닌 기본 중에 기본이다. 그런데 기본도 없는 상태로 창업을 한다. 그게 지금 자영업자들의 현 주소다. 전문지식만 뛰어나면 잘 할 수 있을 것 같나? 그럴 수도 있다. 자기가 잘하고 좋아하는 그 일만 잘 하면 잘 할 수 있다.

단 조건이 있다. 직원 없이 혼자 할 경우에 그렇다. 그래서 상권 분석하고 중심상권에 들어가면 안 되는 거다. 중심상권 아니라도 입지가 좋다는 상권에서 시작하면 매출 때문에라도 직원 채용해야 하거든. 혼자 감당할 수 있는 규모가 아니기 때문에. 그러면 영혼 먼저 탈탈 털리고 난 다음에 돈 탈탈 털리고 결국 깡통 찬다. 오래 걸리지도 않는다. 그러니 혼자 시직할 수 있는 규모로 시삭해야 한다. 그러려면 좀 더 구석진 곳으로 가야한다. 그곳에서 당신이 잘하고 좋아하는 그거 하나는 제대로 하는 곳이라는 명성을 쌓아라. 그런 시간이 필요하다.

매출이 좀 부진하더라도 한 명 한 명에게 비싸게 팔면서 그 한 명 한 명을 감동시키기만 하면 된다. 음식점도, 학원도, 카페도, 제과점도, 무슨무슨 전문점도 다 그렇게 할 수 있다. 무엇이든 결국 혼자 할 수 있는 시스템을 구축해야 한다. 그게 앞서 개인차를 극복할 수 있는 방법 그러니까 단일메뉴 한정판매의 연장선상에서 구사할 수 있는 전략이다. 항상 누구에게 어떤 상품이나 제품을 어떻게 팔 것인지를 고민하면 된다.

7

세금을 모르고 시작하는 창업은 망한다

창업을 하면 돈이 든다. 크든 작든 돈은 들게 마련이다. 하지만 처음이라 잘 모르는 초보창업자라면 최소한의 돈으로 시작해야 한다는 것이고 그 최소한의 돈마저도 세금을 알면 더 아낄 수 있다는 것을 알아야 한다. 그런데 반대로 한다. 그래서 망한다. 처음이라 세금도 잘 모르는 주제에 철저히 제대로 준비하면 거창한 성공까지는 아니더라도 실패하지는 않을 거라는 막연한 믿음을 갖고 시작한다. 그 철저히 제대로 하는 준비가 상권분석이고 제대로 된 프랜차이즈 본점 알아보는 거란다. 미친. 그럼 잠깐 프랜차이즈에 대해 살펴보자.

2019년 기준 우리나라 전체 프랜차이즈 브랜드 수는 6,200여 개, 가맹점수는 24만2,600여 곳에 이른다. 하지만 수많은 프랜차이즈 브랜드 중에서 우리가 흔히 보고 들었던 브랜드는 10%도 채 되지 않는다. 그만큼 이름 없이 나타났다 소리 소문 없이 사라지는 프랜차이즈가 아주 많다. 마치 초보창업자들처럼.

특히 직영점 하나 없이 가맹점을 모집한 후 가맹비 등 각종 비용만 챙긴 뒤 문을 닫아버리는 이른바 유령 프랜차이즈들은 창업의 꿈을 허무하게 날려버리게 하는 최대 위험요소다.

그래서 프랜차이즈 창업을 할 생각이라면 반드시 확인해야 할 것이 있다. 바로 공정거래위원회를 통해 공개되고 있는 프랜차이즈 가맹본부 정보공개서다. 여기에는 가맹점수, 가맹점 지역별 평균매출액, 면적당 매출액 등 가맹현황이 상세하게 공개돼 있다. 만약 프랜차이즈 창업을 꿈꾸는 바보라면 꼭 참고해야 할 자료다. 그런데 거기 까지다. 참고하고 철저히 알아보는 게 아무런 의미가 없다.

아무리 공개된 자료를 잘 알아보고 유령 프랜차이즈를 잘 가려낸다 하더라도 그래서 좋은(?) 프랜차이즈 가맹점을 운영하기로 계약을 하는 순간부터 돈이 나가기 시작한다. 많이 나간다. 가맹비, 인테리어비용에다, 교육비에, 시설비 등등 수천만 원이 훅 나간다. 세금계산서 다 발급 받는다. 환급해 준다니까. 그런데 그 환급에 대한 기본 개념? 없다. 창업초기엔 모든 게 다 처음이라 낯설고 어렵다. 그러다 보니 일의 순서가 꼬이고 두 번 세 번 중

복되는 경우도 허다하다. 일정이 꼬이고 비용은 계속 더 들어간다. 다 그런 건 아니지만 대부분 허둥지둥 창업초기를 보내고 나면 많이 지친다.

처음은 어떤 일이든 누구든 어렵고 서툴기 마련이다. 그걸 누가 나무랄 수 있을까. 더 잘 할 수 있도록 응원하고 도와주는 게 맞다. 하지만 전 재산에 가까운 큰돈을 들여서 시작하는 창업은 그래선 안 된다. 순식간에 모든 걸 잃게 될 게 뻔한 길을 가려는 사람을 응원하는 건 바람직하지 않다. 하지만 소중하고 가까운 사람들일수록 더 그들의 어리숙한 출발을 응원해 준다. 개업을 하면 화환을 보내주고, 축하해주고, 찾아가서 매출도 올려주고, 주변에 소개도 해주고, 각자의 SNS 계정에 홍보도 해준다. 자발적으로. 그래서 망한다는 사실을 진심으로 응원해 준 그들은 잘 모른다.

한 번도 해 본 적 없는 일을 한 번도 함께 일해 본 적 없는 사람들과 함께 처음부터 홀을 가득 메운 고객들을 상대해야 한다. 아무리 프랜차이즈 본사에서 익히기만 혹은 플레이팅만 해서 나갈 수 있도록 준비해 준 재료라 하더라도 제대로 서비스하기 어렵다. 제품이나 상품의 퀄리티도 퀄리티지만 처음부터 순서대로 응대하고 제공하기 어렵고, 서로 누가 먼저 왔는데 저쪽이 먼저 나오냐는 불만들이 터져 나오는 건 당연한 일이다. 그리고 계속해서 추가 주문이 밀리고 주방에서 먼저 무너지고 엉망인 채로 제품이 나오고 고객들의 불평불만을 응대하느라 홀 서빙도 무너진다. 초보 사장은 울고 싶어진다. 오픈 기념이라고 할인행사를 하거나 서비스를 남발하는 경우는 더 치명적이다.

그런 경험을 한 고객들은 다시 찾을 이유가 없는 매장이 된다. 심지어 가족과 지인마저도 주변 사람들에게 추천하기 어렵게 만드는 가장 큰 이유는 준비되지 않은 초보창업자의 어리숙하고 과한 욕심 때문이다. 그렇게 시작하는 초보창업자는 세금에 관심이 없다. 어렵고 복잡하니 세무대리인에게 맡기고 시작한다. 그 큰돈을 쓰면서 다가올 부가가치세 신고할 때 어떻게 처리할 수 있는지, 다음 해 종합소득세 신고할 때 최소한의 세금을 내려면 어떤 고민을 해야 하는지 애초에 관심이 없다. 세무대리인이 알아서 절세를 해 줄 것이라 믿기 때문이다. 임대인의 과세유형이 뭔지 자신은 왜 현재의 과세유형을 선택했는지 잘 한 건지 못 한 건지 모른다. 절세를 위해서는 어떻게 해야 하는 지 전혀 모른다. 그러니 망할 수밖에. 처음이라 잘 모르는 초보 창업자가 망하는 가장 큰 이유가 상권분석부터 시작하기 때문이라는 사실을 깨달았으면 좋겠다. 그 상권만 버리고 나면 모든 것을 다르게 시작할 수 있고 결코 실패하지 않는 창업을 할 수 있다. 그 상권분석과 세무 얘기를 다음 장에서 자세히 한 번 들어보자. 택스코디에게.

8

순풍과 역풍을 대하는 올바른 자세

창업 강의를 시작할 때 언제나 순풍과 역풍 얘기를 먼저 꺼낸다. 첫 시간에 수강생들에게 한 번도 타 본 적 없는 요트를 타고 바다로 나가야 한다면 순풍에 돛을 올리고 싶은지 역풍에 돛을 올리고 싶은지 질문을 하면 열에 아홉은 순풍에 돛을 올리고 싶어 한다. 모든 강의에서 그랬다. 개중에 한 두 명이 뜻밖의 표현을 하기도 한다. 왠지 강사가 원하는 답이 아닐 것 같아서 드는 경우도 있다.

이렇게 사람들의 반응을 보면 보인다. 왜 자영업자들의 현실이 이렇게 힘든지. 아니 자영업자들뿐만 아니라 세상을 살아가는 구성원 모두가 힘든 삶을 살아가는 이유는 모두가 순풍에 돛을 올리고 싶어 하기 때문이라는 사실을 알 수 있다. 모두가 편하고 순탄한 길을 원한다는 것이다. 편한 길에는 반드시 함정이 있다. 그 편한 길은 결코 편하지 않으며 생각했던 것처럼 순탄하지도 않다. 왜냐하면 치열한 경쟁이 기다리고 있기 때문이다. 당연하지 않은가?

모두가 그 길을 원하기 때문이다. 수요는 많은데 공급이 부족하면 가격이 오를 수밖에 없는 것처럼 모두가 하려는 것과 갖고 싶은 것은 경쟁을 하지 않을 수 없다. 대단한 특권을 가진 게 아니라면 말이다.

그럼 순풍과 역풍에 대한 얘길 좀 더 해보도록 하자. 한 번도 타본 적 없는 요트와 함께. 요트는 무동력선이다. 그리고 바람에 의해 옆으로 밀리지 않기 위해 물속으로 센터보드를 드리우고 있다. 오직 바람의 힘을 이용해서 과 항해자의 능력으로만 바다로 나가야 한다.

순풍은 등 뒤에서 불어오는 바람이다. 앞으로 나아가기 정말 편하다. 가만히 있어도 앞으로 나아가게 해 준다. 순풍이 불 때 항해자의 역할은 별로 없다. 돛과 키를 잘 잡고 있으면 그만이다. 순풍의 단점은 순풍의 속도 그 이상의 속도로는 나아갈 수 없다는 것이다.

역풍은 정면에서 불어오는 바람이다. 앞으로 나아가기 어렵다. 가만히 있으면 뒤로 밀린다. 하지만 45도로 방향을 틀고 돛을 잘 조정하면 비스듬히 전진할 수 있다. 그러려면 항해자는 역풍에 익숙해져야 하고 물에 빠지고 뒤집어 지는 등의 훈련이 필요하다. 역풍의 장점은 역풍의 속도 그 이상의 속도로 나아갈 수 있다는 것이다.

그럼 처음이라 잘 모르는 초보 창업자가 한 번도 해 본 적 없는 창업을 하려는 상황에 맞춰서 한 번 살펴 보자. 각자의 이유와 상황이 어찌됐건 간에 소중한 돈을 준비해서 창업을 해야 하는 상황이라면 어떤 선택을 할 것인가. 당연히 실패하고 싶은 사람은 아무도 없다. 실패는 성공의 어머니라고? 반만 맞고 반은 틀린 얘기다. 실패는 필요하다. 하지만 큰돈을 밀어 넣는 실패는 죽음이다. 결코 성공을 낳을 수 없다. 적어도 돈 없고 평범한 사람들의 경우에는 그렇다. 그냥 사회경제적인 사망선고를 받는다고 생각하면 된다. 그만큼 위험한 도박이다. 평범한 당신은 이길 확률이 거의 없는 불가능에 가까운 일이다. 그래서 돈을 건 실패는 성공의 어머니가 아니다.

그래서 실패하지 않기 위해서 모두가 가려는 그 순풍에 돛을 올리고 항해를 하려고 한다. 모두가 괜찮다고 하는 길, 안전하다고 하는 길, 응원해 주는 길을 간다. 검증된 아이템, 인지도 높은 브랜드, 그리고 상권이다. 모두가 한결같이 바라보는 그곳이 초보창업자들의 눈높이와 별반 다르지 않다. 그래서 그런 그들이 모여서 중심상권을 찾고 그러니 권리금과 보증금과 임대료가 비싸다. 물건은 정해져 있는데 찾는 사람은 많으니 그렇다. 부동산 가격이 그렇게 형성된 것은 모두가 순풍을 선호하기 때문이다. 경쟁에 길들여지고 그게 삶의 당연한 과정이라 생각하기 때문이다. 순풍처럼 보이지만 사실은 늪이라는 사실을 모른다. 모두가 미친 듯이 달려 드는 그 순풍으로 항해를 하면 편해 보이지만 경쟁자가 너무 많다. 더 빨리 가고 싶지만 갈 수 없고, 그래도 더 빨리 가고 싶으면 손 으로 노라도 저어야 할 판이다. 그런데 경기는 계속 나빠지고, 스 스로는 어쩔 수 없는 악재는 계속 터진다. 무슨 동물이 전염병이 돌고, 태풍이 오고, 가뭄이 오고, 장마가 오고, 더위가 오고, 물가 가 폭등하는데 가격은 못 올려서 울고 싶은데 코로나가 세상을 덮 쳤다.

편안해 보이는 방식으로, 남들이 다 하는 방식으로 상권분석하 고, 유망업종 정하고, 해당 프랜차이즈 찾아서 계약하고, 인테리 어 하고, 직원 구하고, 장사 시작한다. 오픈 할인행사도 하고 홍보 도 많이 한다. 그게 세상에서 정하거나 정해준 무슨 룰인 것 마냥 들이미는 방식이다. 세무는 모른다. 맡긴다. 오픈하고 곧 매출 뚝 떨어지고 아차 싶은데 방법이 없다. 그래서 멈춰버린 순풍에 낙담 하고 발버둥쳐보지만 지치기만 할 뿐 더 나아가지는 못한다. 그렇 게 심신이 피폐해지고 삶이 송두리째 무너진다. 그게 지금 자영업 자들의 현실이다. 그런 길을 가려는 사람들을 막아섰던 나는 돌을 맞았다.

역풍에 돛을 올려야 한다. 한 번도 해 본 적 없는 창업을 하려면 연습을 해야 한다. 배우면 된다. 혼자 익혀도 된다. 하고 싶은 일이 있으면 일단 배우고 익혀야 한다. 닭을 튀기든, 빵을 굽든, 머리를 만지든, 손톱을 다듬든, 학원을 차리든 그게 뭐든 혼자 시작하면 된다. 그 과정에서 돈이 조금 든다. 없으면 벌면서 하면 된다. 벌어 둔 돈이 있으면 좀 더 집중해서 할 수 있다. 그게 창업에 필요한 돈이다. 생활비. 배우고 익히는 동안에도 먹고는 살아야 하니까.

그 일의 기준은 좋아하고 하고 싶은 일이어야 한다. 앞으로 유망한 일이라서, 트렌드라서, 돈을 많이 벌 수 있어서, 접근하기 쉬워서 같은 멍청한 기준은 아니어야 한다. 그런 건 순풍같은 것이다.
그 좋아하거나 하고 싶은 일이 익숙해질 즈음 그걸 누군가에게 먼저 팔아볼 수 있어야 한다.
그것이 필요한 누군가를 만족시키는 과정이 필요하다. 무엇을 어떻게 팔 것인지를 고민해야 한다. 어디서는 전혀 중요하지 않다. 그게 지금까지 말해 온 전부다. 그리고 돈을 벌기 위해 창업을 하는 거라면 세금공부는 필수다. 수익이 있는 곳에 세금이 있는 법. 그건 뒤에서 제대로 좀 익혀보자.
그러면 주변에서 아끼고 사랑하는 사람들이 걱정하고 진심어린 조언을 해 준다. 뭐든 하려면 제대로 해야지 아이들 소꿉장난 하는 것처럼 왜 그러고 있냐고. 당신이 하려는 그 모든 방식에 반대하고 걱정하는 사람들이 있다. 역풍이다.

❸ 개인차를 극복하는 창업 전략

개미새끼 한 마리 안 다닐 것 같은 여기서 시작하겠다고? 미쳤어? 그럼 홍보비는 안 들것 같아? 그러다 망해. 그렇게 열 번 망하나 크게 한 번 망하나 망하는 건 다 마찬가지 아냐? 이왕 할 거면 제대로 시작해!

그 모든 역풍에 맞설 수 있는 것이 바로 물속 깊숙히 드리운 센터보드, 중심철학이다. 사신만의 중심철학을 굳게 지켜야 한다. 왜 이 일을 하려는지 왜 해야만 하는지 흔들리지 않을 중심철학이 필요하다.

역풍의 힘을 이용하면 더 빨리 나아갈 수 있다. 그들의 반대는 성공 가능성이 더 높아지는 긍정적인 신호이기 때문이다. 그리고 처음에 반대했던 그들을 자신의 편으로 만들면 더 큰 힘이 된다. 역풍을 사랑해야 하는 이유다.

세상 사람들 모두 순풍을 선호한다. 좋은 대학, 좋은 직장, 멋진 배우자와의 결혼, 좋은 집, 좋은 차, 가끔 떠나는 여행을 삶의 보편적인 공식이나 공동선처럼 그곳만을 향하게 하는 것은 분명 거대한 악의다. 경쟁하지 않을 수 없는 삶에 매몰되는 것은 그 자체로 악몽에 불과하다. 결코 편안하거나 순탄하지 않다.

당신이 성공적인 창업을 꿈꾼다면 순풍과 역풍 중 어떤 바람에 돛을 올릴 것인가! 나는 답을 정해줬지만 결국 선택은 당신의 몫이다. 물론 그 결과에 대한 책임까지!

사장님! 소자본 창업 성공? 어렵지 않아요

1 | 예비창업자가 반드시 알아야 하는 세금

2 | 세금을 줄이기 위해서 알아야 할 용어들

3 | 음식점 사업자가 알아야 하는 세무상식

4 | 전자상거래 사업자가 알아야 하는 세무상식

5 | 배달사업자라면 꼭 알아야 하는 세무상식

6 | 공동사업자라면 꼭 알아야 하는 세무상식

7 | 세무조사는 누가 받나

8 | 세금계산서를 발급받으면 이것만은 꼭 확인하자

PART ②

때려 쳐!
일반과세

왜,
세금을
알아야
하는가!

예비창업자가 반드시 알아야 하는 세금

세금을 덜 내는 확실한 방법, 당신은 얼마나 알고 있나요?

"아니 그런 게 어디 있나요, 세금은 날짜에 맞춰 내라는 대로 내면 되는 거 아닌가요!" 혹시 이렇게 말한다면, 당신은 이 책을 꼭 읽어야 합니다.

보통 '세금은 납부다'라 생각하고 고지서 날짜에 맞춰서 세금을 내는 것만 생각하죠. 하지만 세금에는 '공제·감면·비과세·환급'도 있습니다.

나라에서 세금을 깎아주는 규모는 생각보다 큽니다. 액수가 큰 상위 10개 항목 정도만 합해도 25조 원이 넘죠. 나라엔 분명 이런 제도가 있는데, 과연 이 제도를 잘 활용하고 있는지 돌아볼 필요가 있습니다.

그리고 생각보다 많은 사람들이 이미 이런 제도를 잘 활용하지 못하고 있습니다. 세금하면 어렵고 귀찮다는 선입견을 가지고 있기 때문입니다.

그렇다면 대체 어떤 제도가 있고, 누가 활용할 수 있는지 알고 싶고, 무엇보다 예비창업자인 내가 활용할 수 있는 제도는 있는지 가 궁금하다면 본 책을 천천히 읽어보길 바랍니다.

사업을 시작하고 소득이 생기면 세금을 내야 합니다. 직장인과 달리 자영업자는 직접 세금을 신고 납부해야 합니다. 그렇다면 어 떤 세금을 어떻게 내야 하는지 알아볼까요.

개인사업자에게 가장 중요한 세금은 종합소득세입니다. 종합소 득세라는 이름에서 알 수 있듯이 돈을 벌면 내가 번 소득을 종합 해서 내는 세금입니다. 종합해서 합산되는 소득의 종류에는 이자 소득, 배당소득, 사업소득, 근로소득, 연금소득, 기타소득 총 여섯 가지가 있습니다.

종합소득세의 세율은 과세표준에 따라 최소 6%에서 최대 42%(2021년부터는 45%)까지 적용됩니다. 소득금액에 해당 세율을 곱 하고 누진공제액을 제하여 계산하는 방식입니다.

종합소득세의 과세기간은 1년으로 1월에서 12월까지 벌어들 인 소득에 대해 그 다음해 5월에 1년 치에 대한 세금을 내는 것입 니다.

1년 치 세금을 한꺼번에 몰아내면 사업자 입장에서는 큰 부담이 될 수 있죠. 따라서 중간에 한번 나누어 낼 수 있는 11월에 중간예납을 합니다. 하지만 11월에는 아직 1년 치 사업이 끝나지 않았기 때문에 최종 소득액이 얼마인지 예측할 수가 없습니다. 그래서 중간 예납은 소득액을 예상해서 내야 하는데 지난해의 소득을 기준으로 산출된 소득세의 50%를 미리 내는 것입니다.

중간예납 기일인 11월 말까지 세금을 납부하지 않으면 가산금이 붙습니다. 11월 말 까지 내지 않으면 가산금 3%, 12월에도 안 내면 1월부터 최대 60개월 동안 매월 1.2%씩 가산금이 붙으므로 늦지 않고 내는 것이 좋습니다.

종합소득세만큼 중요한 세금이 바로 부가가치세입니다. 부가가치세는 소비를 하면서 내는 소비세입니다. 부가가치세는 소비자가 내는 소비세인데, 그 세금을 실제로 신고하고 납부하는 의무는 사업자에게 있습니다. 소비자가 물건을 살 때마다, 혹은 서비스를 이용할 때마다 부가가치세를 떼어 신고, 납부할 수 없기 때문에 사업자가 물건에 부가가치세까지 포함해 받아뒀다가 때가 되면 내는 것입니다.

부가가치세의 세율은 10%입니다. 부가가치세를 계산하기 위해서는 매출할 때 손님에게 받은 부가가치세인 매출세액에서 매입할 때 지불한 부가가치세인 매입세액을 빼주면 됩니다.

□ **부가가치세** = 매출세액 – 매입세액

부가가치세 매입세액공제를 받기 위해서는 세금계산서, 현금영수증, 신용카드 매입전표 중 한 가지를 꼭 챙겨두어야 합니다.

개인사업자는 기본적으로 6개월마다 몰아서 내도록(확정신고) 되어 있고, 법인사업자는 3개월에 한 번씩 중간정산(예정신고)도 합니다.

사업자의 부가가치세 부담을 덜 수 있도록 간이과세제도를 이용할 수 있습니다. 간이과세자는 업종별로 정해진 부가가치율을 적용해서 0.5~3%의 낮은 세율로 세금이 계산됩니다. 또한 세금 신고도 1년에 한 번만 하면 됩니다.

간이과세 대상은 기본적으로 연 매출을 기준으로 구분됩니다. 부가가치세 신고기한을 기준으로 직전연도 연 매출이 4,800만 원 미만(2021년부터는 8천만 원)이면 간이과세로 부가가치세를 신고 납부할 수 있습니다

간이과세로 시작해서 얼마나 절세가 가능한 지는 2장에서 상세히 다루겠습니다.

2

세금을 줄이기 위해서 알아야 할 용어들

세금을 줄이는 방법은 다양합니다. 조세감면과 비과세, 소득공제, 세액공제, 우대세율, 과세이연 등 여러 가지 방식이 있습니다. 세금을 내는 사람은 기분 좋은 절세 효과를 누릴 수 있지만, 국가 입장에서는 받아야 할 세금을 못 받는 것이 되는 셈이죠. 그런 이유로 '조세지출'이라고 말합니다.

조세지출은 두 가지로 구분합니다. 영구적으로 세금 부담을 줄여주는 '직접감면'과 일정 기간 과세를 연기하는 '간접감면'으로 구분합니다.

직접감면 가운데 가장 화끈한(?) 방식이 바로 비과세입니다. 세금을 부과하지 않겠다는 의미로 특정 소득을 과세대상이 되는 소득에서 제외한다는 개념입니다.

예를 들어 생산직 근로자가 야근이나 휴일 근무로 받은 급여에 대해 비과세를 적용합니다. 정상 근무한 급여는 소득세를 내고,

연장 근무한 급여는 소득세를 매기지 않는다고 이해하면 됩니다.

소득공제는 연말 정산할 때 많이 들어본 용어죠. 과세소득에서 일정 금액을 차감한다는 말입니다. 신용카드를 사용했을 때 연말 정산에서 적용하는 것이 바로 소득공제입니다.

소득이 1,000만 원인데 소득공제 300만 원을 적용하면, 나머지 700만 원에 대해서만 세율을 적용하게 됩니다. 소득공제를 많이 할수록 과세표준이 줄어들어 최종 세액이 낮아지게 되는 것입니다.

세액공제란 일정 비율로 계산된 금액을 납부할 세액에서 제외하는 것을 말합니다. 직장인들의 연말정산 시 보험료와 개인연금, 의료비와 교육비 등이 대표적인 세액공제 항목입니다. 교육비로 100만 원을 썼다면 실제로 납부할 소득세에서 15만원을 차감하게 됩니다.

세액감면이라는 용어도 있습니다. 산출세액의 일정 비율을 납부할 세액에서 제외하는 것입니다. 소형주택 임대사업자는 소득세 30%를 세액감면 받을 수 있었는데, 원래 내야할 소득세가 50만 원이고 감면 요건을 갖추면 15만 원을 깎아서 35만 원만 내는 것을 말합니다.

저율과세는 일반세율보다 낮은 세율을 적용하는 방식입니다. 2021년부터 조합 예탁금 이자소득에 대해 일반세율 14%가 아닌 5%를 적용하는 것이 바로 저율과세입니다. 이밖에 부가가치세 영세율과 면제, 근로장려금과 자녀장려금도 직접감면의 한 방식입니다.

간접감면에는 준비금, 과세이연, 이월과세 등이 있습니다. 기업이 특정한 목적을 위해 준비금을 사내적립하면 그 준비금을 일정 기간 손비로 인정해 과세를 연기합니다. 연구·인력개발준비금과 중소기업 투자 준비금, 농협이나 수협의 고유목적 사업 준비금 등은 세법상 비용으로 인정받아 해당기업의 법인세를 낮출 수 있죠.

과세이연과 이월과세는 기업의 자산에 대한 세금 부담을 늦춰주는 개념입니다. 과세이연은 자산을 대체 취득하는 경우 새로 취득한 자산의 처분시점까지 과세를 연기하는 것을 말합니다.

이월과세는 개인이 사업용 고정자산을 현물 출자해 법인에 양도하는 경우 양도소득세를 과세하지 않고, 법인이 출자 받은 자산을 처분할 때까지 과세를 연기하는 것을 말합니다.

평소 잘 쓰지 않는 용어이기에 어려워 보일 수도 있으나 한두 번 반복해서 읽으면 이해하기가 한결 수월할 것입니다. 처음부터 어려운 용어를 이해하려고 노력하지 말고 건너뛰어 다음 장을 읽어도 무방합니다.

3

음식점 사업자가 알아야 하는 세무상식

우리나라는 다른 선진국들과 달리 음식 값에 부가가치세를 포함해서 표기하도록 권장하고 있어서 부가가치세도 본인 매출이라고 착각하는 사업주들이 많습니다. 손님에게서 부가가치세가 포함된 음식 값을 받았고, 그에 따라 부가가치세를 신고하고 내야 한다는 인식을 꼭 가져야 합니다.

부가가치세를 포함한 매출을 순매출로 착각해서 내야할 세금을 미처 준비하지 못하는 경우도 있습니다. 부가가치세는 내 매출이 아니라는 생각부터 가져야 합니다. 메뉴가격을 8,000원이라고 정했다면 사업주의 매출은 7,000원 정도(7,270원)라고 인식해야 합니다.

 예비창업자

권리금도 세금처리가 되나요?

택스 코디

소위 말하는 A급 상권과 C급 상권의 권리금의 차이는 상당히 큽니다. (저는 권리금 없는 곳에서 시작하는 것을 추천합니다.)

권리금은 다시 유형자산인 시설권리금과 무형자산인 바닥권리금으로 구분이 됩니다. 시설권리금은 기존에 장사를 하던 사업자가 설비를 한 후에 매입세액공제를 받은 부분이기 때문에 세금계산서를 받고 줘야 하고, 바닥권리금은 상권의 가치에 대한 무형의 권리로 기타소득세 8.8% (지방세 포함)를 원천징수한 후에 지급하고 신고해야 합니다.

그런데 현실적으로는 시설권리금과 바닥권리금의 구분이 모호한 경우도 많고, 계약과정에서 기록을 남기지 않고 현금만 주고받는 경우도 적지 않습니다.

하지만 시설권리금은 세금계산서를 수령하고, 바닥권리금은 원천징수 후 신고해야만 감가상각을 받을 수 있다는 것에 주의해야 합니다.

급여처리에 무지하면 인건비를 현금으로 주고, 신고(원천세 신고)를 하지 않는 경우가 종종 있습니다. 직원들의 복리후생비에 대한 부가가치세는 환급도 되고, 비용으로 처리해서 소득세도 줄일 수 있기 때문에 사업초기에 이런 부분들을 놓치지 않도록 주의해야 합니다.

휴대전화도 개인이 쓰던 것을 개업 이후에도 계속 쓰게 되는데, 통신사에 사업자 명의 전환 신청을 하면 전화요금에 대한 전자세금계산서를 끊을 수 있습니다. 통신요금에 대한 10%가 부가가치세 환급대상이 되는 것입니다.

단말기 자체도 구매 시 대리점에 연락해서 세금계산서를 요청하면 전자세금계산서를 발급받을 수 있습니다. 전화요금 등을 월 10만 원 정도 쓴다면 연간 120만 원에 대한 부가가치세 12만 원을 환급받을 수 있습니다.

또 하나 의제매입세액공제를 위해 계산서를 꼭 챙겨두어야 합니다. 음식점은 대부분 음식 원재료 매입이 많다보니 의제매입세액공제 비중이 큽니다. 본사에서 재료를 받는 것들은 계산서가 남아 있겠지만, 개인적으로 현금으로 구입한 재료들은 계산서가 없는 경우가 많습니다. 계산서와 신용카드매출전표는 의제매입세액공제를 받는데 필수입니다.

예비창업자

의제매입세액공제란 무엇인가요?

 택스 코디

제조업을 영위하는 사업자가 부가가치세를 면제받아 공급받은 농,수,축,임산물을 원재료로 제조/가공한 물품을 판매하는 경우에는 그 면제되는 물품의 가액에 업종별.종류별로 재무부령이 정하는 일정율을 곱해서 계산한 금액을 매입세액으로 공제할 수 있는데, 이러한 제도를 의제매입세액공제라고 합니다(부가세시행령 제62조 1항)

좀 쉽게 설명하면 음식업자가 구입하는 농산물 구입가액 중 일정비율을 매입세액으로 인정해 부가가치세를 돌려주는 제도를 말합니다.

과세관청에서는 면세인 농산물, 축산물, 수산물 등을 매입하여 가공하고 과세로 판매하는 사업자에 대해 의제매입세액공제라는 제도를 두어 면세계산서 매입에 대해서도 일정율(음식점의 경우 8/108 또는 9/109)을 부가가치세 매입세액을 공제해 주도록 하고 있습니다.

4

전자상거래 사업자가 알아야 하는 세무상식

코로나19로 인해 언택트 환경이 대세가 되면서 온라인에서 물건을 판매하는 전자상거래 사업자들이 크게 늘고 있습니다. 전자상거래업 사업자가 알아야 할 기초이자 기본적인 세무상식에 대해 살펴볼까요.

사업의 형태를 갖고 계속적이고 반복적으로 재화를 공급한다면 사업자등록을 해야 합니다. 전자상거래업은 제품판매를 시작한 날로부터 20일 이내에는 사업자등록 신청을 해야 합니다. (물론 사업 개시 이전이라도 사업자등록을 신청할 수 있습니다.) 사업자등록 후에는 지자체에 통신판매업을 신고해야 합니다.

예비창업자

고객이 결제한 날, 제품을 발송한 날, 고객이 물품을 받은 날 등 언제가 공급시기인지 헷갈립니다.

 택스 코디

물품의 공급시기에 따라 부가가치세 신고, 납부 시기도 달라질 수도 있습니다. 온라인 쇼핑몰 등에서 물건을 판매한 경우에는 원칙적으로는 소비자에게 제품을 발송한 날을 공급시기로 봅니다. 다만 그 이전에 신용카드매출전표를 발급하면 그 때가 공급시기가 됩니다.

참고로 신용카드매출전표 등을 발행하는 경우 공급대가의 1.3%를 신용카드매출전표 등 발행세액공제로 공제받을 수 있습니다.(공제한도는 연간 최대 1,000만 원)

카카오페이로 손님이 결제한 것도 여신전문금융업법 결제대행업체에 등록이 되어있으므로 신용카드매출세액공제가 가능합니다.

개인사업자의 경우 예외적인 경우를 제외하고선 부가가치세신고 시 신용카드매출 및 현금영수증매출액에 대해 일정 비율(1.3%)을 세액공제를 받을 수 있습니다.

매장에서 이뤄지는 신용카드 결제는 보통 VAN사를 이용하므로 문제가 없으나, 온라인 쇼핑몰의 경우 여신전문금융업법 결제대행업체가 아닌 곳을 통한 결제를 한 경우 신용카드매출세액공제를 받을 수 없습니다.

예를 들어 11번가, G마켓, 옥션, 스토어팜은 결제대행업체로 등록되어 있어 신용카드매출세액공제가 가능합니다.

등록한 결제대행업체의 명단은 금융감독원 홈페이지의 금융민원, 전자금융업 등록 및 말소현황에서 확인이 가능합니다. 자주 업데이트가 이루어지니 신고 전 확인이 필요합니다.

 예비창업자

소비자가 반품을 요청해서 환불을 해주게 되면 세금신고를 어떻게 하나요?

 택스 코디

이런 경우에는 환불한 날이 속한 과세기간의 매출에서 환불한 공급가액을 차감하고 신고하면 됩니다. 환불사실에 대한 증명서류는 꼭 보관해둬야 합니다.

5

배달사업자라면 꼭 알아야 하는 세무상식

코로나19로 인한 비대면 중심의 영업환경에 보다 장기적으로 대비해야 합니다. 앞으로는 방문고객보다는 배달이나 배송을 통한 매출이 절대적인 비중을 차지할 수 있습니다. 언택트 시대에 배달사업자들이 챙겨야 할 기초적인 세무상식에 대해 알아볼까요.

매장 방문 고객이 줄면서 배달 서비스를 시작하려는 사업자들이 많습니다. 코로나로 어려워진 PC방에서 본업 대신 음식배달 서비스를 시작하는 경우도 있습니다.

기존 매장에서 판매하던 음식 등을 배달한다면, 세무서에 추가로 신고해야 할 사항은 없습니다. 하지만, 기존에 구청 허가를 필요로 하지 않는 사업을 운영하다가 허가가 필요한 음식 배달 등을 하고자 하는 경우에는 관할 구청에 영업신고를 하고, 세무서에 사업자등록 상 업종을 추가해야할 수도 있습니다.

또한 배달 서비스를 시작하게 되면 배달 매출에 대하여 누락 없이 신고할 수 있도록 주의해야 합니다. 배달 매출은 사업자의 단말기 등으로 매출이 직접 집계되지 않기 때문입니다.

실제로 많은 사업자들이 부가가치세 신고 시 배달 매출 일부를 실수로 누락하여 가산세 등 세금 추징을 당하는 경우가 종종 발생합니다.

매장 영업만 하는 경우에는 매출 신고 시, 크게 카드 매출과 현금영수증 매출, 그리고 현금영수증이 발급되지 않은 단순 현금 매출로 구분해서 매출을 집계합니다.

하지만 최근에는 온라인에서 각종 간편결제 시스템으로 다양한 형태의 매출이 발생하고 있죠. 이런 경우 부가가치세 신고 전에 반드시 매출 누락이 없는지 다시 한 번 확인해볼 필요가 있습니다. 특히 온라인 결제, 배달앱을 통한 매출 등은 소비자가 '카드'로 결제했다고 해도 결제 대행업체를 통해 결제되기 때문에 내 사업자 번호로 카드 매출이 직접 발생하지 않습니다. 따라서 국세청 홈택스에서 조회되는 카드매출에는 이러한 매출이 포함되어 있지 않게 됩니다. 이런 매출은 부가가치세 신고 시 별도로 꼭 합산해서 매출 신고를 해야 합니다.

이와는 달리 소비자가 온라인, 어플 등을 통해 '현금'으로 결제를 하는 경우에는 대부분 현금영수증이 자동 발행됩니다. 국세청에서 조회되는 현금영수증 매출에 이미 현금결제 매출이 포함되어 있는 것입니다. 이 경우에는 반대로 현금매출을 중복으로 인식하지 않도록 주의해야 합니다.

많은 사업자들이 이용하고 있는 네이버 스마트스토어 등 오픈마켓이나 배달의 민족, 요기요 등 배달 서비스 등 대부분은 각 사이트에서 부가가치세 신고자료를 제공하고 있습니다.

여기에서 이미 국세청 현금영수증 매출에 포함되어 있는 현금매출을 제외한 나머지 매출을 모두 추가하면 됩니다.

단, 현장에서 배달원이 직접 결제를 받은 경우에는 이 매출이 업체에서 제공하는 부가가치세 신고 자료에 포함되어 있는지 다시한 번 확인해야 합니다.

대표적으로 배달의 민족의 경우 배민라이더스 서비스를 이용하는 경우에는 배달의 민족에서 제공하는 부가가치세 신고 자료에 라이더스가 만나서 결제 받은 매출도 포함되어 있습니다.

하지만, 그 외 별도의 배달대행 업체(바로고, 부릉 등)를 쓰는 경우에는 어플로 결제하지 않고 만나서 결제한 매출은 부가가치세 신고 자료에 포함되어 있지 않아 추가로 매출에 더해줘야 합니다.

예비창업자

배달료도 매출에 포함되는 건가요?

택스 코디

사업자가 배달대행업체를 이용하는 경우 배달료를 지불하게 되는데, 일반적으로 배달료는 고객이 대금을 결제할 때 매출에 포함되어 결제되므로 이 경우 사업주의 매출에 배달료가 포함되게 됩니다.

이때 사업주는 추후 제품 판매금액에서 배달료와 기타 수수료를 공제하고 차액을 정산받게 됩니다. 매출은 배달료를 포함한 금액으로 집계되므로, 배달료와 기타 수수료에 대해서는 배달대행업체에서 매입세금계산서를 발급 받아 부가가치세 신고 시 반영해야 배달료가 공제된 순수 매출액에 대해서만 세금을 부담할 수 있습니다.

일반적으로 대부분의 배달대행업체는 배달료에 대해 월별로 사업주에게 세금계산서를 발행해주고 있습니다.(일부 소규모 배달대행 업체 중에는 배달료에 대한 세금계산서 등 세법상 적격증빙 발행을 꺼려하는 업체도 있습니다.)

세금계산서 등의 발행을 요청하면 배달료의 10%를 부가가치세로 추가로 더 달라고 요구하기도 하죠. 따라서 부담을 느낀 사업주가 증빙을 발행받지 않는 경우도 많은데, 일반과세자라면 적격증빙을 발급받는 것이 유리합니다. 부가가치세를 부담하고 세금계산서를 적법하게 발급 받으면 부담한 부가가치세를 공제받을 수 있고, 종합소득세 등 소득신고 시 비용으로 안전하게 처리할 수 있기 때문입니다.

 예비창업자

배달대행업체로부터 세금계산서를 발급받지 못하면 어떻게 되나요?

택스 코디

세금계산서나 현금영수증 등을 발행 받지 못한 경우에도 비용처리가 불가능한 것은 아닙니다. 부담한 배달료의 상세 내역을 확인할 수 있는 자료를 챙겨 소득신고 시 비용 처리를 하면 됩니다.

세법상 부가가치세를 포함한 건당 거래금액이 3만 원 이하인 경우 등 일정한 경우에는 적격증빙(세금계산서, 계산서, 신용카드 매출전표, 현금영수증)을 발급받지 않아도 가산세 없이 비용처리가 가능하기 때문입니다. 단, 건당 거래금액이 3만 원 이하인 것을 입증하기 위한 간이영수증이나 상세 거래내역서 등의 자료을 요청하여 보관해야 합니다.

배달이 많은 경우에는 배달원을 직접 채용하는 것을 고민하게 됩니다. 배달대행 업체를 쓰는 경우와 배달원을 고용해 직접 배달하는 경우의 가장 큰 차이는 비용처리 부분입니다.

배달대행 업체를 이용하면 대부분 배달 건수에 비례한 대행 수수료 등에 대해 세금계산서를 받게 되고, 지급수수료는 비용으로 처리가 가능합니다.

배달원을 직접 고용한 경우에는 사업장에서 직원을 채용하는 것이므로 배달원에게 지급하는 급여에 대한 인건비 신고와 4대보험료 및 복리후생비 등 여러가지 비용이 발생합니다. 오토바이 구입비와 유류대 등도 물론 비용처리가 가능합니다.

따라서 사업자 입장에서는 대행업체에 지불하는 수수료와 직원 채용 시 발생하는 인건비 외의 유지비용을 함께 고려해서 비교한 후에 결정을 하는 것이 좋습니다.

쿠폰 10장에 치킨 1마리 등 고객에게 사업자가 자체적으로 할인권 등을 제공한 경우에는 제품가격을 깎아주는 에누리의 성격이기 때문에 할인액이나 쿠폰 사용액을 제외한 실제 판매금액만 매출신고를 하면 됩니다. 이런 서비스 매출에 대해서는 별도로 매출신고가 필요 없다는 것이죠. 다만 할인권 등이 우리 사업장에서 직접 제공한 것이 아니고 오픈마켓, 배달대행업체 등에서 제공한 할인 쿠폰인 경우에는 할인 금액을 포함해서 매출신고를 해야 합니다.

할인금액은 오픈마켓이나 배달대행 업체에서 부담하고, 사업자는 전체 금액을 대행업체에서 정산 받게 되는 것이어서 사실상 사업자는 할인하지 않은 금액으로 판매한 것과 같기 때문입니다.

온라인 매출 위주로 운영되다보면 오프라인 매장 규모를 줄이거나 인건비를 감축하는 등 사업장 환경변화를 고민하는 분들이 늘어나고 있습니다.

만약, 사업장을 이전하는 경우에는 지제 없이 새로 계약한 임대차계약서를 첨부해 사업자등록 정정신고를 해야 합니다. 임대료 할인 등 변경사항이 생기면 임차인 입장에서 세금계산서를 할인된 금액으로 받아서 반영하면 됩니다.

인건비 등 변동사항도 인건비 신고와 4대보험 공단에 변경된 인건비를 반영해서 신고누락이 없도록 해야 합니다.

6

공동사업자라면 꼭 알아야 하는 세무상식

부부가 함께 일하면 여러 경비도 절약되고 서로에게 힘이 되는 부분도 많아 부부가 함께 사업을 하는 경우가 꽤 있습니다. 공동 명의로 사업체를 운영하는 경우도 있고, 부부 중 한사람을 직원으로 채용하는 형태로 함께 일하는 경우도 있습니다.

부부 공동사업장은 세금 측면에서도 유불리가 나뉠 수 있습니다. 그럼 부부 사업장의 절세법에 대해 알아볼까요.

부부가 함께 운영하는 사업장은 크게 두 가지로 구분됩니다. 부부가 공동사업자로 동업을 하는 경우와 단독사업자로 등록한 후 배우자를 직원으로 고용하는 경우입니다.

공동사업자는 전체 소득을 동업계약상 분배비율에 따라 배분하고, 단독사업자는 배우자에게 급여를 지급하고 급여를 비용으로 처리하는 방식입니다.

두 상황 모두 소득이 분산되어 누진구조인 종합소득세 세율이 낮아지는 효과가 있습니다.

전체 과세대상소득은 동일하지만 배우자를 직원으로 고용하는 경우에는 근로소득에 대해 근로소득공제가 적용되고, 건강보험료 적용방식 등에서 차이가 발생합니다.

예를 들어 A, B 부부가 운영하는 사업장이 1억 원의 이익을 냈다고 가정해서 살펴보면, 부부 각각의 지분이 50대 50인 공동사업장인 경우 A사업소득 5,000만 원, B사업소득 5,000만 원이 됩니다.

B가 직원으로 고용된 경우라면 A사업소득은 급여지급 후 5,000만 원으로 동일하지만 B의 소득은 근로소득으로 근로소득공제를 받아 3,775만 원으로 줄어들게 됩니다.

하지만 두 가지 방법 중 어느 방법이 유리한지는 단정하기 어렵습니다. B의 급여수준이 달라지고 다른 소득이 있는지 등에 따라 소득공제나 세액공제에서도 차이가 나고, 건강보험료도 달라지기 때문입니다.

배우자는 세법상 특수관계이기 때문에 동업계약을 맺고 공동사업을 운영할 때 주의가 필요합니다. 공동사업장이라면 부부가 함께 사업을 해야 하는데 실제로는 배우자 한쪽이 사업에 전혀 참여하지 않는다거나 그 비중이 크게 떨어지는 경우, 문제가 될 수도 있습니다. 국세청에서 볼 때 세부담을 줄이기 위해 허위로 공동사업자로 등록했다거나 손익분배비율을 허위로 정한 것으로 판단할 수 있기 때문입니다.

만약 조세회피를 목적으로 손익분배비율을 허위로 정한 것으로 인정되는 경우에는 손익분배비율이 큰 사람에게 소득을 합산해서 과세할 수 있도록 정하고 있습니다. 따라서 분배된 소득이 아닌 합산된 소득에 세금을 내야 합니다.

중요한 것은 공동사업장이나 단독사업장 모두 실제 소득 배분이 이뤄져야 한다는 점입니다. 공동사업장은 동업계약을 맺고 공동으로 사업자등록을 해야만 이익이 배분되고, 소득이 분산되어 세부담을 낮출 수 있습니다. 배우자 한쪽이 근로자여서 급여를 지급하는 경우에도 적정급여를 책정해서 실제 지급이 이뤄져야 합니다.

부부가 공동대표라도 단독대표인 경우와 마찬가지로 대표가 사용한 식대 등은 사업관련 비용으로 인정받을 수 없습니다. 특히 부부 공동사업장은 다른 사업장에 비해 본인의 식대나 가사경비 등이 사업경비와 섞일 가능성이 더 높으므로 사업관련 경비의 구분이 더욱 중요합니다.

대출에 대한 이자비용의 경비처리는 부부 공동사업장이어서 더 문제가 될 수도 있습니다. 예컨대 대출을 받아 취득한 부동산으로 부동산임대업을 하는 사업자가 사업개시 이후에 배우자에게 부담부증여로 부동산의 지분을 넘겨서 공동사업자로 전환한 경우가 있습니다. 이 때 지분을 넘겨받은 배우자의 차입금이자는 비용처리가 안 되는 문제가 발생할 수 있습니다.

사업용 차입금의 이자는 비용처리가 되는데, 투자용 차입금 이자는 비용처리가 안 되기 때문입니다. 위 사례의 경우 부동산 사업을 위한 대출인지 투자를 위한 대출인지가 분명하지 않기 때문에 국세청에서 쉽게 인정을 해주지 않습니다.

 초보사장님

공동명의 사업장인 경우, 사업용 계좌는 누구 앞으로 해야 하나요?

 택스 코디

개인사업자는 업종별 매출 규모에 따라 복식부기의무자에 해당되면 사업용 계좌를 반드시 신고하고 거래해야합니다. 부부 공동사업자는 공동사업장 명의의 계좌나 둘 중 한 명의 계좌를 등록해 사용할 수 있습니다.

또 사업용 카드도 공동사업 구성원 모두의 카드를 각각 국세청 홈택스에 등록할 수 있습니다. 과거에는 공동사업자 중 대표되는 사업자 1명의 명의로 된 신용카드만 사업용 카드로 등록할 수 있었는데, 2018년 말부터 규정이 바뀌어 증빙 관리가 편리해졌습니다.

7

세무조사는 누가 받나

국세청에서 세무조사를 받는 납세자는 연간 1만6000명 정도입니다. 10년 전에는 전체 세무조사 건수가 2만 건이 넘었지만, 납세시스템이 전산화되고 국세청의 과세행정도 조사보다는 사전예방 중심으로 바뀌면서 해마다 줄고 있습니다.

세부적으로 보면, 기업의 경우 법인세 납세대상은 80만 곳에 달하지만 법인세 조사를 받은 기업은 4,800곳으로 전체의 0.6%에 불과했습니다. 종합소득세를 내는 개인사업자 역시 500만 명이 넘지만 4,700명만 세무조사를 받았습니다. 개인사업자 조사비율은 0.1%도 채 되지 않습니다.

예비창업자

국세청은 1%도 되지 않는 조사대상자를 어떻게 고르는 것일까요?

택스 코디

국세청의 세무조사는 크게 정기적으로 조사대상을 선별해 실시하는 '정기조사'와 수시로 실시하는 '비정기 조사'로 나뉩니다.

정기조사는 신고 된 내용을 검증하는 조사입니다. 비정기 조사는 최근 자주 실시되고 있는 부동산투기 조사나 고소득 유튜버 세무조사 등 공평과세와 세법질서 확립차원에서 하는 조사입니다.

정기조사는 연초에 그 대상을 결정하는데, 신고성실도가 낮은 납세자 중 조사 받은지 오래된 납세자를 조사대상으로 선정합니다.

신고 성실도 평가는 전산시스템화 되어 있는데, 국세청이 보유한 납세자 정보를 토대로 평가요소별 가중치를 두는 등의 방법으로 평가합니다. 이 때 기업의 경우 국세청 자체 정보 외에 외부감사의견이나 회계성실도도 평가에 반영됩니다.

성실도 평가에서 낮은 점수를 받은 납세자들을 대상으로 다시 조사기간을 따지게 되는데, 법인세나 종합소득세의 경우 기본적으로 5년에 한 번씩은 정기조사를 받도록 하고 있습니다. 또 그 외 세목별로도 4년 이상 조사를 받지 않은 경우 업종과 규모, 경제력 집중 등을 고려해서 조사대상을 선정합니다.

성실도가 낮더라도 4~5년 내에 정기세무조사를 받은 적이 있다면, 당장은 조사를 받을 일은 없습니다. 반대로 성실도가 상대적으로 높은 경우라도 세무조사를 아직 한 번도 받지 않았거나 정기조사를 받은 후 4~5년이 넘었다면 조사대상이 될 확률이 아주 높게 됩니다.

 예비창업자

상대적으로 영세한 자영업자도 정기조사를 하나요?

 택스 코디

조사대상 선정에도 예외는 있습니다. 일정 규모 이하의 소규모 성실사업자에 대해서는 조사를 하지 않을 수 있다는 별도의 조사면제 규정을 두고 있기 때문입니다.

세무조사 면제대상에는 소득세법상 복식부기를 하지 않아도 되는 간편장부 대상 개인사업자나 연매출(수입금액) 1억원 이하인 법인이 포함됩니다.

예비창업자

간편장부 대상자는 어떻게 구분되나요?

 택스 코디

간편장부 대상자는 농업, 임업, 어업, 광업, 도소매업 등
은 연매출 3억 원 미만, 제조업, 숙박·음식업, 건설업, 금
융·보험업 등은 연매출 1억5000만 원 미만, 사업서비스
업, 개인서비스업 등은 연매출 7,500만 원 미만인 사업자
입니다.(단, 의사/ 변호사 등 전문직사업자는 무조건 복식부기의무자 입니다.)

□ **개인사업자의 업종에 따른 수입금액으로의 장부 작성 기준**

업종	간편장부대상자	복식부기의무자
농업, 임업, 어업, 광업, 도매 및 소매업, 부동산매매업 (제122조 제1항) 등	3억 원 미만자	3억 원 이상자
제조업, 숙박업, 음식점업, 전기/가스/증기 및 수도사업, 하수/폐기물처리 및 환경복원업, 건설업 운수업, 출판/영상/방송통신 및 정보서비스업, 금융및 보험업, 제품중개업 등	1억5천만 원 미만자	1억5천만 원 이상자
부동산임대업, 부동산관련 서비스업, 임대업, 전문과학 및 기술 서비스업, 교육 서비스업, 보건업 및 사회복지서비스업, 개인 서비스업 등	7천5백만 원 미만자	7천5백만 원 이상자

세무조사 면제대상에서 중요한 것은 '성실한' 소규모 납세자라는 부분입니다. 단지 규모만 작은 것이 아니라 평소 신고 성실도가 높아야만 조사대상에서 벗어날 수 있습니다.

성실한 장부작성을 통해 모든 거래사실을 기록 관리하고 있으면서, 신용카드영수증이나 현금영수증에 대한 발급거부나 허위발급을 하지 않아야 성실사업자로 인정됩니다.

또한 개인사업자는 사업용 계좌를 개설해 사용하고 있어야 하고, 최근 3년간 조세범처벌을 받았거나 현재 체납한 사실이 없어야 소규모 성실사업자로 인정됩니다.

규모와 성실도 면에서 필요한 조건들을 모두 갖췄더라고 하더라도 객관적인 증거자료에 의해 과소신고한 것이 명백하다면 세무조사를 받을 수 있습니다. 비정기세무조사이죠.

납세협력의무를 지키지 않은 경우, 무자료 거래나 위장거래가 있는 경우, 탈세제보가 있는 경우, 신고내용에 탈루혐의가 인정될 만한 명백한 자료가 있는 경우, 세무공무원에게 금품을 제공하는 경우에는 비정기조사 명단에 오를 수 있습니다.

8

세금계산서를 발급받으면
이것만은 꼭 확인하자

사업자가 재화 또는 용역을 공급하면 공급자가 공급받는 자에게 세금계산서를 발급하도록 부가가치세법은 규정하고 있습니다.

세금계산서는 재화나 용역을 공급한 사업자가 그 공급받는 자로부터 거래, 징수한 사실을 나타내는 것으로서, 송장, 대금청구서, 거래영수증으로서 기능을 하고, 거래상대방이 부가가치세 신고 시 매입세액공제를 받을 수 있는 근거가 됩니다.

그리고 과세관청의 입장에서는 사업자의 과세거래 내역과 과세표준을 파악할 수 있는 자료로서의 의미도 있습니다. 만약 사업자가 매출이 있었음에도 탈세를 하기 위해 과세관청에 신고를 누락한다면, 과세관청은 사업자가 발급한 세금계산서의 내역과, 거래상대방이 받은 세금계산서 내역을 비교·검증해 사업자가 매출을 누락해 탈세했다는 점을 쉽게 파악할 수 있기 때문입니다.

이처럼 세금계산서의 정확한 수수는 세금제도의 운영에 있어서 중요하기 때문에, 법은 세금계산서에 재화나 용역거래에 대한 정확한 정보를 기재하도록 규정하고 있습니다.

특히 공급하는 사업자의 등록번호와 성명 또는 명칭과 공급받는 사업자의 등록번호, 공급가액과 부가가치세액 작성연월일 등 거래의 주요정보를 세금계산서의 '필수적 기재사항'으로서 정확하게 기재하도록 하고 있습니다.

이러한 세금계산서의 '필수적 기재사항'을 정확하게 기재하지 않은 세금계산서를 법에서는 '사실과 다른 세금계산서'라고 말합니다.

사실과 다른 세금계산서를 수수하면 법에 따라 가산세가 부과되고, 거래상대방(공급받는 자)에게 거래금액의 10%에 해당하는 부가가치세 매입세액 불공제 과세처분의 불이익이 가해집니다. 사안이 중대한 세금계산서 문제의 경우 단순한 세금문제가 아닌 형사고발 문제로까지 연결되기도 합니다.

세금계산서의 공급자 명의를 사실과 다르게 기재한 경우에 자주 문제가 되곤 합니다. 예를 들어, 재화나 용역의 실제 공급자가 아닌 친인척의 차명으로 사업자등록을 하고 친인척 명의로 세금계산서를 발급한 경우입니다.

이와 관련 대법원은 세금계산서의 필수적 기재사항인 '공급하는 사업자의 성명'을 잘못 기재한 것이므로 과세관청이 거래상대방에게 매입세액 불공제로 과세처분을 할 수 있다고 봤습니다. 공급자의 명의가 실제와 다른 세금계산서로는 매입세액 공제를 받을 수 없다는 것입니다.

거래상대방(공급받은 사업자)의 입장에서는 억울할 수도 있습니다. 공급자의 명의가 사실과 다른 세금계산서라는 점을 알지 못하여 '사실과 다른 세금계산서'를 발급받은 경우에도 거래금액의 10%에 달하는 매입세액 불공제 과세처분을 받을 수 있기 때문입니다.

 예비창업자

정말 억울할 수도 있겠네요. 구제방법은 없나요?

 택스 코디

대법원 판례는 이러한 경우를 구제하기 위해 '선의·무과실'의 공급받는 자는 예외적으로 매입세액공제를 허용했습니다.

공급받는 자가 실제 공급자와 세금계산서상의 공급자가 다른 세금계산서라는 점을 알지 못했고, 알지 못한 것에 대해 과실이 없는 것으로 볼 수 있는 특별한 사정이 있다면, 매입세액공제를 허용해주는 것입니다.

예를 들어 공급자의 사업자등록증, 명함, 계좌정보 등 자료를 확인·보관하고, 사업장방문을 하는 등 실사업자 여부를 확인하기 위해 최선을 다한 정황이 충분히 있는 경우에는, 공급받는 자는 선의·무과실이라고 보고 매입세액공제를 인정합니다.

다만, 이러한 선의·무과실은 공급받는 자가 자신의 확인의무를 철저히 이행한 경우에만 매우 예외적으로 인정된다는 점에 유의해야 합니다.

대법원은 법에서 '공급자'의 정보는 사업자 '등록번호'뿐만 아니라 '성명 또는 명칭'까지 세금계산서의 필수적 기재사항으로 정하고 있으므로 이를 모두 정확히 기재해야 하지만, '공급받는 자'의 정보는 사업자 '등록번호'만을 필수적 기재사항으로 정하고 있으므로, 세금계산서에 기재된 '공급받는 자의 등록번호'를 실제 공급받는 자의 등록번호로 볼 수 있다면 '공급받는 자의 성명 또는 명칭'이 실제 사업자의 것과 다르다고 하더라도 사실과 다른 세금계산서가 아니라고 봤습니다.

이처럼 명의가 사실과 다른 세금계산서에 대해서는 다소 복잡한 법적 문제가 발생할 수 있고, 구체적인 사실관계에 따라 법적인 구제 가능성도 달라집니다.

정리하면 중요거래에 대한 세금계산서를 발급받을 때는 사실과 다른 세금계산서에 해당할 여지는 없는지 반드시 주의해서 확인할 필요가 있습니다.

때려 쳐!
일반과세

왜,
간이과세로
시작해야
하는가

간이과세자에게는 가벼운 부가가치세

부가가치세는 최종 소비자가 부담하지만, 사업자가 신고하고 내는 세금입니다. 소비자가 매번 물건을 살 때마다, 혹은 서비스를 이용할 때마다 부가가치세를 떼어 신고, 납부할 수 없기 때문에 사업자가 물건값에 부가가치세까지 포함해 받아뒀다가 때가 되면 몰아내는 구조입니다.

기본적으로 6개월마다 몰아내도록(확정신고) 돼 있고, 법인사업자는 3개월에 한 번씩 중간정산 (예정신고)도 합니다. 그런데 세금을 모아뒀다 한 번에 내다보니 사업자들은 전달자에 불과하면서도 본의 아니게 부가가치세가 부담되는 문제가 생기게 됩니다. 보통 사업자들은 물건값에서 부가가치세만 떼어 따로 예금하거나 보관하지 않기 때문에 부가가치세 신고, 납부기간에 갑자기 목돈을 지출하는 것과 같은 효과가 발생하는 것이죠.

이 때 영세한 사업자에게 이러한 부가가치세 부담을 덜 수 있도록 한 제도가 간이과세제도입니다. 간이과세 사업자에서 간이(簡易)라는 말은 간단하고 편리하게 세금을 낼 수 있다는 의미입니다.

부가가치세는 세율이 10%이지만 간이과세자는 업종별로 정해진 부가가치율을 적용해서 0.5~3%의 낮은 세율로 세금을 계산됩니다. 따라서 일반과세자에 비해 부가가치세 부담이 현저히 줄어드는 것이죠.

또 세금신고도 1년에 한 번으로 간소화 되고, 부가가치세 거래의 증빙서류인 세금계산서 발행의무도 면제됩니다.

 예비창업자

업종별로 부가가치율이 어떻게 다른가요?

 택스 코디

간이과세자가 부가가치세 계산을 하기 위해서는 매입, 매출세액에 업종별 부가가치율을 곱해야 합니다.

업종에 따라 부가가치율은 다르게 적용되는데 아래와 같습니다.

❷ 왜, 상권을 버려야 하는가

업종	부가가치율
전기, 가스, 중기, 수도사업	5%
소매업, 음식점업, 재생용 수집 및 판매업	10%
제조업, 숙박업, 운수 및 통신업	20%
건설업, 부동산임대업, 기타서비스업	30%

간이과세 대상은 기본적으로 연매출(수입금액)을 기준으로 구분됩니다. 부가가치세 신고기한을 기준으로 직전연도 연매출이 8천만 원(종전에는 4,800만 원) 미만이면 간이과세로 부가가치세를 신고, 납부할 수 있습니다.

창업단계에서는 직전연도 매출 자료가 없기 때문에 매출과 무관하게 간이과세로 시작할 수 있습니다. 하지만 몇 달만이라도 매출 자료가 쌓이고, 해당 매출을 1년 단위로 환산해서 4,800만 원 이상이 되면 일반과세로 전환될 수 있습니다. 물론 환산 매출이 8천만 원(종전에는 4,800만 원) 미만이면 계속해서 간이과세로 남게 됩니다.

예비창업자

간이과세 배제기준금액에 면세매출도 포함되나요?

 택스 코디

간이과세 배제기준금액 4,800만 원에는 면세 수입금액(매출)은 포함하지 않고, 과세 수입금액만을 포함합니다.

간이과세는 부가가치에 대한 세금을 온전히 다 내는 것이 아니기 때문에 대상자가 늘수록 공평과세를 저해하고 국가 세수입에도 부정적입니다. 정부가 그동안 간이과세 대상 연매출 기준을 확대하지 않은 것도 같은 이유 때문입니다.

하지만 영세납세자 지원이라는 명분이 그 뒤를 든든히 받쳐줍니다. 최근에도 코로나19 등 영향을 고려해 간이과세 기준금액을 올려 그 대상을 늘려주자는 의견이 커짐에 따라 2021년부터는 기준 금액이 8천만 원으로 상향되었습니다.

2 왜, 상권을 버려야 하는가

부가가치세 계산 쉽게 이해하자

최 사장의 김밥 집, 김밥 한 줄의 가격은 3,300원입니다. 김밥 한 줄의 영수증을 보면 공급가액 3,000원, 부가가치세 300원, 합계 3,300원이라고 표시되어 있습니다.

공급가액은 다른 말로 매출액, 부가가치세는 매출세액이라고 합니다. 따라서 김밥 한 줄의 매출세액은 300원이 됩니다.

최 사장이 김밥 한 줄의 재료 구입비용 1,100원을 카드 결제하고 받은 영수증에는 공급가액 1.000원, 부가가치세 100원, 합계 1,100원이 표시된 것을 확인할 수 있습니다. 여기서 공급가액은 매입액, 부가가치세는 매입세액이라고 합니다.

일반과세사업자의 부가가치세를 구하는 공식은 '매출세액 - 매입세액' 입니다. 따라서 김밥 한 줄의 부가가치세는 200원(300원 - 100원)이 되는 것입니다.

초보사장님

저는 간이과세자입니다. 그러면 김밥 한 줄의 부가가치세는 얼마인가요?

 택스 코디

간이과세사업자의 부가가치세를 구하는 방법은 아래와 같습니다.

□ **공급대가**(매출) **× 10% × 업종별부가가치율**
 – 매입세액 × 업종별부가가치율

※ 음식점의 업종별부가가치율은 10%입니다.

간이과세자일 경우 김밥 한 줄의 부가가치세를 계산해 볼까요.

3,300원(공급대가) × 10% × 10% (업종별부가가치율)
– 100원(매입세액) × 10%(업종별부가가치율)
= **23원**(부가가치세)

과세유형에 따라 부가가치세를 구하는 방법은 조금 차이가 있습니다.

본문을 봐서 알 수 있듯이 간이과세사업자는 일반과세사업자에 비해 부가가치세 부담히 현저히 적은 것을 확인할 수 있습니다.

간이과세제도부터 이해하자

영세한 사업자가 부가가치세를 간편하게 신고, 납부할 수 있도록 해주는 제도가 간이과세제도입니다.

일반과세사업자에 비해 신고 횟수도 적고, 납부금액도 적어서 상당히 유리한 제도입니다.

그러나 간이과세사업자를 선태할 수 있는 사업자는 한정적이며 세금계산서를 발행할 수 없으므로 사업자와의 거래에서는 불리할 수 있습니다.

직전연도의 재화와 용역의 공급대가의 합계액이 8천만 원(종전에는 4,800만 원) 미만인 사업자를 대상으로 합니다. 단 신규사업자의 경우에는 사업 개시일 부터 과세기간 종료일 (12월 31일)까지 공급대가를 합한 금액은 12개월로 환산한 금액을 기준으로 간이과세 유지 여부를 결정합니다.

예를 들어 간이과세로 신청한 사업자가 10월 5일부터 사업을 시작하여 12월 말까지 공급대가가 2,400만 원이면, 이를 연간으로 환산하면 다음과 같습니다. 3개월간 2,400만 원이므로 1년이면 9,600만 원(2,400만 원 / 3 × 12개월)으로 계산되므로 일반과세로 전환됩니다.

간이과세사업자의 과세 기간은 일반과세사업자와 달리 1월 1일~12월 31일까지 입니다. 그러므로 1년의 공급대가를 판단하는 기준도 1월 1일~12월 31일을 기준으로 간이과세 여부를 판단합니다.

간이과세사업자는 과세기간 종료 후 25일 이내, 즉 1년간의 부가가치세에 대해 다음해 1월 25일까지 신고, 납부를 합니다. 그러나 공급대가가 연간 3천만 원(2021년부터는 4,800만 원)미만인 경우에는 납부세액을 면제합니다.

참고로 간이과세사업자는 7월 25일에 직전연도 납부금액의 1/2을 고지에 의해 납부합니다. 이때 납세자가 원하는 경우에는 고지가 아닌 신고, 납부도 가능합니다.

간이과세사업자가 일반과세사업자로 전환되는 시기는 본인이 자진해서 신청하지 않는 경우에는 항상 7월 1일입니다. 1년간 공급대가가 8천만 원(종전에는 4,800만 원) 이상이 된 경우에는 과세당국에서 일반과세로 전환된다는 통지를 합니다.

따라서 일반과세사업자의 2기 과세기간 시작 시점부터 일반과세사업자가 되는 것입니다.

이와 반대로 1년간의 공급대가가 8,000만 원에 미달하면 일반과세사업자에서 간이과세사업자로 전환 신청을 할 수 있습니다. 이때도 부가가치세 2기 과세기간 시작 시점부터 간이과세사업자로 전환됩니다.

한 번 더 복습해볼까요. 간이과세사업자의 부가가치세 납부세액은 아래와 같이 계산됩니다.

□ 공급대가 × 업종별부가가치율 × 10%
 − 세금계산서 등으로 인정되는 매입세액 × 업종별부가가치율
※ 업종별부가가치율은 업종별로 5~30%로 상이 합니다.

4

공급가액과 공급대가는 다른 말이다

부가가치세를 일반적으로 간접세라고 부릅니다. 간접세라는 단어에서 보듯이 소비자가 내야 할 세금을 사업자가 대신 내는 것입니다. 그런데 사업자가 실제 부가가치세를 납부할 때는 자신의 자금으로 세금을 납부하는 것처럼 느낌이 들 수 있습니다. 실무적으로 매출 발생 시점과 매입 발생 시점이 차이가 있다 보니, 자금 관리를 계획적으로 하지 않으면 부가가치세 납부 시점에 자금 문제가 발생하기도 합니다.

부가가치세에서 헷갈리는 세무 용어 중의 하나가 공급가액과 공급대가입니다.

공급가액은 실제 공급대는 제품의 가격이라고 생각하면 되고, 공급대가는 제품의 가격에 부가가치세를 더한 개념입니다.

간이과세사업자는 세금계산서 등으로 공급가액과 부가가치세를 구분해서 표기하지 않습니다. 따라서 간이과세사업자는 하나의 가격만 존재하는데, 이 가격에는 공급가액과 부가가치세를 더해 이를 공급대가라고 부릅니다.

　가령 일반과세사업자가 물건값을 100원으로 책정했다고 하면, 세금계산서 등에 표시를 공급가액 100원과 부가가치세 10원 및 영수금액 110원을 표시합니다.

　그러나 간이과세사업자는 공급대가 110원만 표시합니다. 그래서 기본적으로 일반과세사업자의 매출액은 100원이 되고, 간이과세사업자의 매출액은 110원으로 기록합니다.

간이과세와 일반과세 세금 비교

간이과세가 얼마나 유리한지 동일한 매입, 매출일 때를 가정해서 비교해 볼까요.

식당을 운영하는 최 사장님 2019년 7월1일부터 2019년 12월 31일까지 매출(신용카드+현금영수증발행분)은 2억2천만 원이고 세금상식이 전혀 없어 증빙관리를 제대로 하지 못해 매입은 0원이라고 가정해 보겠습니다.

최 사장님이 일반과세 일 경우, 부가가치세를 계산해 보면 매출세액은 2천만 원(매출 = 매출액 + 매출세액, 2억2천만 원 = 2억 원 + 2천만 원), 매입세액은 0원이 됩니다.

'부가가치세 = 매출세액 − 매입세액' 이 공식으로 계산하면,

2천만 원 − 0원 = 2천만 원

산출된 세액에서 신용카드매출세액공제 286만 원(2억2천만 원 × 1.3% = 2,860,000원)을 세액공제하면 납부할 금액은 17,140,000원(2천만 원 = 286만 원)입니다.

그런데 최 사장님이 간이과세일 경우라면 부가가치세는 얼마나 나올까요? 간이과세자의 부가가치세 계산은 아래의 공식으로 계산됩니다.

> □ 공급대가 × 업종별부가가치율 × 10%
> – 세금계산서 등으로 인정되는 매입세액 × 업종별부가가치율
> 2억2천만 원 × 10% (음식점부가가치율) × 10% – 0원
> = 220만 원

산출된 세액에서 신용카드매출세액공제 572만 원(2억2천만 원 × 2.6% = 5,720,000원), 간이과세음식점은 2.6%를 세액공제 합니다. 2021년 하반기부터는 일반과세자와 동일하게 1.3%가 적용됩니다.)을 세액공제하면 -352만 원입니다.

그런데 간이과세자는 환급이 안 되므로 납부세액은 0원이 됩니다.

실로 엄청난 차이입니다. 본문의 최 사장님이 간이과세자로 사

업자등록을 했다면 1,714만 원을 번 것입니다.

대부분 창업의 간이과세사업자로 하는 것이 유리합니다.

6

간이과세 배제기준에 대해 알아보자

앞 장을 통해서 간이과세가 일반과세에 비해 얼마나 유리한가를 알았다면, 이제 간이과세로 시작해야겠다고 마음을 먹었을 것입니다. 사업자등록 시 일반과세와 간이과세를 선택할 수 있는데 간이과세를 할수 없는 경우도 존재합니다.

간이과세사업자란 연매출 4,800만 원(2021년부터는 8천만 원) 미만의 영세사업자들이 부가가치세를 간편하게 부담하는 사업자를 말합니다.

하지만 매출기준을 충족한다고 해서 모든 사업자가 간이과세로 사업을 할 수 있는 것은 아닙니다. 경우에 따라 간이과세 자체가 금지되기도 하는데, 그 기준을 '간이과세 배제기준'이라 합니다.

간이과세 배제기준은 크게 업종과 지역, 사업장규모로 구분됩니다. 국세청이 매년 1월 1일부터 1년 간 적용되는 간이과세 배제기준을 고시하면 해당 기준에 포함되는 사업자는 간이과세로 세금을 신고, 납부할 수 없습니다.

매년 업종이나 지역, 사업장규모 등의 기준이 추가되기도 하고 삭제되기로 하기 때문에, 창업을 할 예정이라면 이 기준을 꼼꼼히 체크할 필요가 있습니다.

우선 업종별로는 광업, 제조업, 도매업, 부동산매매업, 사업서비스업 일부(변호사, 변리사, 법무서, 공인회계사, 세무사, 의사, 약사 등)는 간이과세로 사업자등록을 할 수 없습니다.

🗨️❓ **예비창업자**

제조업은 간이과세로 신청이 불가능한가요?

💡 **택스 코디**

제조업은 원칙적으로 간이과세 배제업종에 해당합니다. 다만, 주로 최종소비자에게 직접 재화를 공급하는 사업으로 과자점업, 도정업, 제분업, 떡방앗간, 양복점업, 양화점업, 그밖의 공급재화 50% 이상을 최종소비자에게 공급하는 사업장(국세청장 고시)은 간이과세가 가능합니다.

도매업 중에서도 재생용 재료수집 및 판매업은 간이과세가 가능합니다.

지역기준은 전국 세무서 관할구역별로 발표되는데, 주로 상가 지역이나 대형쇼핑몰, 호텔 등이 포함된 건물과 상가가 간이과세 배제지역으로 구분됩니다. (앞장에서 말한 중심 상권을 벗어나라는 내용과도 일치합니다.) 예년보다 장사가 잘 되는 곳이나 신축 등으로 번화가로 바뀐 곳은 간이과세 배제지역에 묶이고, 그 반대인 곳은 배제지역에서 제외되는 식입니다.

예를 들어 2020년 1월 1일 개정된 간이과세 배제기준을 보면, 전국적으로 이마트와 코스트코, 롯데마트 등 할인점 13곳, 신축호텔 8곳, 집단상가와 대형건물 30곳 등 56개 지역이 추가로 포함된 것을 확인할 수 있습니다.

그밖에도 국세청장이 정한 기준에 포함되면 간이과세를 적용할 수 없습니다. 서울과 광역시, 수도권(읍·면 제외)에서 초기투자비용이 큰 업종을 하거나 B2B 거래, 즉 사업자간 거래가 많은 업종인 경우가 해당됩니다.

또 고가품이나 전문품 취급 업종, 1회 거래금액이 큰 업종, 신종호황업종도 국세청장이 간이과세를 할 수 없도록 지정한 업종입니다.

사업장의 면적도 간이과세 배제 기준이 됩니다. 부동산임대업의 경우 특별시나 광역시, 읍·면을 제외한 시 지역에 소재한 임대용 건물 중 건물 연면적이 일정규모 이상인 경우에는 간이과세를 적용받을 수 없습니다. 국세청장이 정한 간이과세 배제기준 중 면적기준은 지역이나 업종에 따라 천차만별이기 때문에 자신이 해당하는 지역의 간이과세 배제기준을 꼭 확인해야 합니다.

서울특별시와 광역시 및 수도권 지역(읍, 면 지역 제외)에서 다음 종목의 사업을 영위하는 경우에는 간이과세를 적용받을 수 없습니다.

⊘ **초기 투자비용이 큰 업종**
   골프연습장, 주유소, 예식장, 백화점, 볼링장 등

⊘ **주로 사업자와 거래하는 업종**
   건설업, 자료처리업, 산업폐기물 수집 처리업 등

⊘ **고가품, 전문품, 취급 업종**
   골프장비 소매업, 의료용품 소매업, 귀금속점 등

⊘ **1회 거래가액이 큰 품목 취급 업종**
   피아노, 컴퓨터, 정수기, 가구, 가전제품 등

⊘ **기타 신종 호황 업종**
   피부, 비만관리업, 음식출장 조달업 등

일반과세가 적용되는 다른 사업장을 보유하고 있는 사업자도 간이과세 추가가 불가능합니다. (개인택시, 용달차운송업, 이 미용업 등은 제외)

부동산임대업은 특별시, 광역시 및 시(읍, 면지역 제외) 지역에 소재한 임대용 건물 중 건물 연면적이 일정규모 이상일 경우에는 간이과세를 적용받을 수 없습니다.

예비창업자

간이과세 배제기준을 확인하는 사이트가 있나요?

택스 코디

국세청 누리집(www.nts.go.kr)에서 확인 가능합니다.

7

임대차 계약 전 과세유형 결정이 먼저다

간이과세가 일반과세에 비해 유리한 것을 알았으니 간이과세 배제지역에서 임대차 계약을 하진 않겠죠. 1장에서 프리코디가 말한 것이 세무적인 관점에서도 일치하고 있습니다.

많은 예비창업자가 임대차 계약을 끝내고 사업자등록을 하러 세무서를 방문합니다. 이 책을 읽은 당신은 반대로 해야 합니다. 세무서에 먼저 들러 배제지역 여부를 확인하고 임대차 계약을 해야 합니다.(물론 전화로도 확인 가능합니다.)

또 임대차 계약 전 확인해야 할 것이 있습니다. 최근 사례를 살펴볼까요.

A 씨는 음식점을 하기 위해 1층의 상가를 임대차 계약을 했습니다. 그 자리는 전에 휴대폰 대리점을 하던 자리라 상권이 아주 좋은 편이었습니다. 인테리어도 막바지 단계라 구청에 허가를 받으러 갔더니, 오수량이 기존에는 15L였는데 70L로 늘어나서 다시

관련 공사를 해야 하는 상황이 되어 버렸습니다. 건물주는 나 몰라라 하고 장사를 시작하기도 전에 예상치 못한 비용의 발생으로 난처한 상황입니다.

일반음식점을 하기 위해서는 확인을 해야 하는 사항이 있습니다. 하수도원인자 부담금이나 정화조, 도시가스 등을 기본적으로 알아보아야 합니다. 대형 식당일 경우에는 관할 관청에 더 자세히 확인을 해야 합니다.

정화조와 하수도원인자부담금의 경우, 이로 인해 허가가 나지 않는 경우가 있으니 더 주의해야 합니다.(판매점의 경우에는 일일 오수발생량이 제곱미터당 15L이고 휴게음식점은 35L, 일반음식점은 70L입니다.)

정화조나 하수조원인자부담금이 한계 용량에 있을 경우에는 정화조 공사를 다시 해야 하는데, 부담금이 많게는 몇 천만 원씩 나오는 경우도 있습니다.

일반음식점을 한다면 임대차계약 전 관할 관청에 미리 꼭 확인해야 합니다.

참고로 2020년 9월 말부터 2021년 3월 말까지 6개월 동안 한시적으로 상가건물 세입자의 임대료 부담이 유예됩니다. 앞으로 코로나19 같은 감염병 등으로 어려움을 겪는 상가 세입자는 건물주에게 임대료를 깎아 달라고 요구할 수도 있습니다.

2 왜, 상권을 버려야 하는가

현재도 경제 사정의 변동이 있는 경우 임차인이 임대료 감액을 요구할 수 있으나 여기에 코로나19 같은 재난 상황도 포함되는 것입니다. 임대료 연체 기간을 산정할 때 상가건물 임대차보호법 개정안 시행 후 6개월은 연체 기간에 포함하지 않게 됩니다.

상가건물 임대차보호법 개정안은 임대료 증감 청구가 가능한 요건을 기존 '경제 사정의 변동'에서 '감염병예방법에 따른 1급 감염병 등에 의한 경제 사정의 변동'으로 수정했습니다. 현재 건물주가 임대료를 증액하려면 5%까지만 가능하지만, 세입자의 감액 청구 때는 별도의 하한선은 없습니다. 건물주가 감액 청구를 수용하도록 강제하는 조항은 반영되지 않았습니다.

다만 건물주가 세입자의 감액 요구를 수용하면 향후에는 감액하기 전 임대료 수준을 회복할 때까지 기존 5% 상한 규정과 무관하게 증액을 요구할 수 있습니다. 건물주가 감액을 거절할 땐 임대차 분쟁조정위원회에 조정을 신청할 수 있고, 조정이 성립되지 않으면 민사소송으로 결정됩니다.

정부는 코로나19가 초래한 불황으로 임대료를 내지 못하는 상가 세입자의 강제 퇴거 가능성을 한시적으로 없앴습니다. 현재는 세입자가 세 차례(3개월치) 임대료를 연체하면 건물주는 계약을 해지하거나 계약 갱신을 거절할 수 있습니다. 이에 개정법 시행 후 6

개월을 연체 기간에 포함하지 않기로 했습니다. 따라서 2021년 3월 말까지 임대료를 내지 못해도 이를 임대료 연체로 간주하지 않는다는 의미입니다. 극단적인 예를 들어보면 법 시행 전에 임대료를 연체한 경력이 없는 세입자의 경우 6개월 유예기간이 지나고 이후 세 차례 임대료가 밀려야 계약 해지 조건에 해당된다는 얘기입니다. 사실상 2021년 6월 말까지 최대 9개월 동안 강제 퇴거를 피할 수 있게 되는 셈입니다.

다만 소급 적용되는 것은 아니므로 법 시행 전의 연체 사실이 없어지지는 않습니다. 이미 지난달 임대료를 연체한 세입자가 시행기간을 넘겨 내년 3월 말 이후 2개월 치 임대료를 또 연체했을 때는 건물주가 계약을 해지할 수 있습니다.

8

간이과세 120% 활용법

간이과세와 일반과세자의 세금을 비교했을 때 매입이 0원이라고 가정한 것 기억하고 있죠?

매입을 0원이라고 가정한 이유가 이 장에서 공개됩니다.

결론부터 말하자면 간이과세사업자는 세금계산서를 받지 않더라도 매출이 엄청나게 크지 않다면(이전 장에서는 매출을 2억2천만 원이라 가정) 부가가치세는 발생하지 않습니다. 매입이 0원이라는 것은 적격증빙 (세금계산서, 신용카드매출전표, 현금영수증 등)을 수취하지 않았다는 것입니다.

🗨️ **예비창업자**

간이과세자로 작은 식당을 시작할 예정입니다. 냉장고, 쇼케이스 등등 구매하였습니다. 현금가가 저렴해서 일단 현금가로 구매를 했습니다. 세금계산서를 발행받으려고 하니 부가세 명목으로 10%를 더 달라고 합니다.

제가 나중에 세금 신고할 때를 대비해서 10% 더 주고 구매하는 게 맞는 것인지, 아니면 그냥 현금가로 저렴하게 구매하는 게 맞는 것인지 헷갈립니다.

만약 현금가로 구매한다면, 어떤 걸 주의해야 하나요?

 택스 코디

간이과세사업자는 일반과세사업자에 비하여 부가가치세 부담이 아주 적습니다. 그런 이유로 질문자의 경우에는 현금을 주고 싸게 사는 것이 계산상은 득이 됩니다.

단, 종합소득세 신고를 대비하여 간이영수증을 받아 놓고 상대 사업자의 명의로 계좌이체를 하면, 소명용 증빙에 해당되어 필요경비 처리는 가능합니다.

사업자간 거래는 원칙적으로 세금계산서를 주고받아야 하나, 실무적으로는 그렇지 않은 경우도 많습니다. 가령 인테리어 공사비가 5천만 원이 나왔는데, 세금계산서를 요구하니 인테리어업자는 부가가치세 500만 원을 더 지급해야 세금계산서를 발행해준다

2 왜, 상권을 버려야 하는가

고 하는 경우가 많습니다.

　이럴 때는 사업자의 과세유형에 따라 대처법이 다릅니다. 간이 과세자는 세금계산서를 굳이 발행받지 않더라도 부가가치세 부담이 없으니 현금으로 싸게 하는 것이 유리하고, 일반과세자는 돈을 더 주더라도 꼭 세금계산서를 받아야 힙니다.

사장님! 소자본 창업 성공? 어렵지 않아요

1 | 누구도 당신의 절세를 원하지 않는다

2 | 사업자등록 전 알아야 할 것은?

3 | 홈택스로 직접 할까? 세무사에게 맡길까?

4 | 예정신고? 예정고지?

5 | 처음 하는 부가가치세 셀프신고를 위한 절세 팁

6 | 부가가치세 신고 시 주의사항

7 | 가산세도 감면이 된다

8 | 매출이 0원이라도 신고는 하자

PART ②

때려 쳐!
일반과세

왜,
세금을
직접
신고해야
하는가

1

누구도 당신의 절세를 원하지 않는다

'어느 누구도 당신의 절세를 원하지 않습니다.'

택스코디 세무강의 캐치 프레이즈입니다.

납세자들이 세금에 대해서 잘 알게 되면 나라는 과연 좋아할까요? 절세하는 국민이 늘어나면 세수가 줄어들 것인데, 과연 나라에서 원할까요?

국가에서 적극적으로 절세법을 가르쳐주지 않는 이유이기도 합니다.

사업자의 절세는 벌기 위해 쓴 돈(비용처리를 위한 증빙)의 처리에 달려 있습니다. 세무대리인을 쓰더라도 증빙을 넘겨주는 역할은 사업자의 몫입니다. 절세에 탁월한 사업자가 증빙을 많이 챙겨주면 그들의 입장에서는 일거리가 늘어나는 것입니다. 일이 많아지면 자연스럽게 수임료가 커져야 하는데, 현실은 그렇지 못합니다.(회계사 무실도 이미 포화상태라 수임료는 점점 내려가는 추세입니다.)

과연 세무대리인은 당신의 절세를 원할까요?

어느 누구도 당신의 절세를 바라지 않기에 스스로 챙겨야 합니다. 절세의 주체는 바로 당신 자신이 되어야 합니다. 세금 공부를 해야 하는 이유이기도 합니다.

창업 전에 본 책의 내용 정도만 숙지해도 충분합니다.

 예비창업자

절세의 주체가 되려면 무엇부터 시작해야 하나요?

 택스 코디

우선 세금에 대해 어느 정도는 알아야 합니다.

서점에 가면 세금 관련한 많은 책이 있습니다. 그중에서도 개인사업자의 창업과 세무에 관한 주제를 다룬 책을 먼저 읽어보면 좋을 것 같습니다.

 예비창업자

몇 권 읽었는데, 너무 어려워서 조금 읽다 덮어버렸네요.

택스 코디

　세무 관련 서적 같은 실용도서에서는 전문 용어들이 나옵니다. 세법에 표기된 용어는 저자 마음대로 바꿀 수가 없죠. 용어가 어려운 것이 아니라 낯선 것입니다. 반복해서 읽다 보면 어느 순간 용어가 친해졌다는 느낌을 받을 수가 있습니다.

　세무 관련 책을 구입하는 요령은 일단 두꺼운 책은 피하는 게 좋습니다. 쉽게 표현되어 있는 책부터 읽어야 합니다. 실무에서 적용 가능한 사례가 나와 있는 책이면 더 좋습니다.

2

사업자등록 전 알아야 할 것은?

사업을 시작하려면 가장 먼저 사업자등록을 해야 합니다. 사업자등록을 하지 않으면 나중에 미등록 가산세를 물어야 하고, 사업자 간에 세금계산서를 서로 주고받을 수 없어서 상품 등을 매입할 때 부담했던 부가가치세를 돌려받지 못하는 등의 패널티를 부담하게 됩니다.

하지만 사업자등록은 신중하게 해야 합니다. 어떤 업종을 선택하고 어떤 유형의 사업자(일반과세, 간이과세)로 등록하느냐에 따라 세금 부담이 크게 달라질 수 있기 때문입니다.

 예비창업자

사업자등록을 하기 전에 알아야 할 것들은 무엇이 있을까요?

택스 코디

사업자등록은 영업을 시작하기 전부터 할 수 있습니다. 사업계획서, 임대차계약서, 사업장 설계도면, 사업관련 면허 등 객관적으로 사업을 개시할 것이라는 증빙이 있는 경우에는 영업을 시작하기 전이라도 사업자등록증이 발급됩니다.

영업개시 이전에 등록하지 않았다면, 영업을 시작하고 20일 이내에는 사업자등록을 해야 합니다. 이 기간 이내에 등록해야만 초기에 투입된 시설, 자재구입에 투입된 비용와 상품구입비 등에 대해 매입세액공제를 받을 수 있기 때문입니다.

사업자등록을 위해서는 먼저 자신이 하고자 하는 업종이 부가가치세 과세업종인지 면세업종인지를 알아야 합니다. 과세사업은 과세사업자등록을, 면세사업은 면세사업자등록을 해야 합니다.

모든 재화와 용역의 거래에는 부가가치세가 부과되지만 병원과 학원, 농수산물 도매와 같이 부가가치세가 면세되는 거래도 있습니다. 이들 업종은 면세사업자로 등록해야 합니다.

내 업종이 과세사업자인 경우에는 간이과세사업자로 등록할 것인지 일반과세사업자로 등록할 것인지도 선택해야 합니다.(특별한 경우를 제외하곤 간이과세가 절대적으로 유리합니다.)

간이과세는 부가가치세 신고를 간략한 형태로 하는 것으로 연간 공급대가(부가가치세 포함가격)가 8천만 원(종전에는 4,800만 원)이 미달하는 영세사업자들이 선택할 수 있습니다. 사업을 시작할 때에는 사업규모를 예측하기가 어렵기 때문에 일단 세금신고가 간단한 간이과세로 등록했다가 나중에 사업이 커지면 일반과세로 전환하는 것을 추천합니다.

간이과세는 업종별로 0.5~3%의 낮은 부가가치세율이 적용되고, 간이하게 신고하는 대신 일반과세자와 세금계산서를 주고받을 수 없고, 이에 따라 부가가치세 신고 때 매입세액을 일부 5 ~ 30%만 공제받는 불리함도 있지만, 그럼에도 간이과세가 세금 측면에선 유리합니다.

또한 간이과세로 등록을 하고 싶어도 못하는 경우가 있습니다. 자신이 선택한 업종이나 사업장 주소지가 간이과세 배제대상 업종이거나 배제지역일 수 있습니다. 이 경우에는 일반과세로 등록해야만 하기 때문에, 사업자등록 이전에 국세청을 통해 반드시 확인해야 합니다.

그리고 사업자등록을 하기 전에 자신의 업종이 허가를 받아야 하거나 등록대상이거나 신고를 해야하는 업종은 아닌지도 알고 있어야 합니다.

허가나 등록, 신고가 필요한 업종인 경우에는 허가증과 등록증, 신고증 사본이 있어야만 사업자등록을 할 수 있습니다.

예를 들어 약국은 지역 보건소에서 약국개설허가증을 받아둬야 하고, 일반음식점은 시군구청에 신고를 한 후에 사업자등록이 가능합니다. 따라서 사업자등록 이전에 업종이 허가나 등록, 신고대상인지 여부도 꼭 확인해야 합니다.

3

홈택스로 직접 할까?
세무사에게 맡길까?

사업을 시작하고 나서 세금을 신고하는 방법은 크게 두 가지로 나눌 수 있습니다. 사업자가 스스로 국세청에 신고하거나, 세무대리인을 통해 신고를 대행하는 방법이죠.

직접 신고하려면 세무서를 방문해도 되고, 국세청의 전자신고 시스템 '홈택스(Hometax)'를 이용해도 됩니다. 최근 국세청은 코로나19 확산을 막기 위해 사업자들에게 홈택스를 통한 비대면 신고를 권장하고 있습니다.

홈택스에서는 사업자등록과 전자신고납부, 민원증명, 전자세금계산서, 현금영수증 및 신용카드, 과세자료 등 다양한 서비스를 이용할 수 있습니다.

서비스를 시작하려면 회원가입을 해야 하는데, 사업자등록번호로 발급된 공인인증서와 전자세금계산서 발급용 보안카드를 통한 인증으로 가입이 가능합니다. 회원가입 후 로그인을 거치면 세무서를 방문하지 않고도 PC를 통해 각종 세금 신고서를 작성해 제출할 수 있습니다.

부가가치세와 종합소득세뿐만 아니라, 법인세, 원천세, 양도소득세, 증여세, 종합부동산세, 교육세, 개별소비세, 인지세, 주세, 증권거래세, 교통에너지환경세 등을 모두 홈택스에서 신고할 수 있습니다.

특히, 홈택스로 전자신고하면 1~2만 원의 세액공제 혜택까지 받을 수 있죠. 부가가치세 확정신고는 1만 원, 종합소득세 확정신고는 2만 원의 세금을 깎아줍니다.

신고서 작성화면의 안내를 따라서 사업자의 신고사항을 차례로 입력하면 간단히 신고 절차를 끝낼 수 있습니다. 인공지능을 통한 자동완성기능(미리채움)을 통해 편리하게 세금을 신고하는 방식입니다.

신고도움 서비스를 이용하면 사업자의 과거 신고내역 분석자료, 신고 유의사항, 동종업종 평균 분석자료까지 받게 됩니다.

신고서를 작성하다가 궁금한 사항이 생기면 자동응답형 '챗봇' 서비스로 실시간 문자 상담을 받을 수 있고, 자기검증 서비스를 이용해 신고 오류도 방지할 수 있습니다.

세금 용어가 너무 어려워서 직접 세금신고 할 수 없다면, 세무대리인에게 신고를 대행할 수도 있습니다. 세무서 근처에 자리 잡고 있는 세무법인이나 개인 세무회계 사무소에 신고를 맡기는 것이죠. 장부를 대신 작성해주는 기장 서비스부터 종합소득세와 부가가치세 신고대리 등 서비스를 이용하면 됩니다.

장부기장이나 신고대리 서비스를 받으면 수수료를 내야하는데, 세무사 사무소마다 가격이 조금씩 다릅니다. 사업자의 매출 규모와 업무 난이도, 세무법인이나 사무소의 서비스 수준 등에 따라 책정되기 때문입니다.

세무사들의 수수료를 일일이 문의해서 비교하기 어렵다면 다양한 플랫폼을 통해 검색해볼 수 있습니다. 네이버 지식인 '엑스퍼트', 프리랜서 마켓 '크몽', 견적비교 서비스 '세무통' 등을 보면 세무사들이 제공하는 서비스와 수수료를 확인할 수 있습니다.

사업을 시작하는 단계에서는 수수료가 저렴한 세무대리인을 선호하지만, 다른 세무사에 비해 가격이 너무 낮으면 서비스 품질이 떨어질 수 있기 때문에 주의가 필요합니다.

세법이나 절세방법에 대한 상담을 받을 경우에도 시간당 수수료가 발생하기도 합니다. 세무사 사무소에 찾아가면 상담실에 가격표가 붙어있으며, 대표세무사인 경우에는 더 많은 수수료가 발생합니다.

사업을 막 시작했거나 영세 규모인 사업자는 마을세무사나 나눔세무사·회계사를 활용하는 방법도 있습니다. 재능기부 차원에서 세무상담을 무료로 제공하기 때문에 수수료가 아까운 영세 사업자에게 유용한 서비스입니다.

마을세무사는 행정안전부 소관이며, 나눔세무사, 회계사는 국세청 소관입니다. 창업 단계에서 마을세무사를 통해 무료 세무상담을 받은 후, 기장이나 신고대리 서비스 계약을 체결하는 방법도 있습니다.

4

예정신고? 예정고지?

사업 초기에는 모르는 것투성이라 누구나 어설프기 마련입니다. 특히 세금 문제는 더 그렇습니다. 설사 세무사에게 모든 것을 맡겼더라도 세금에 대한 기본적인 상식이 없으면 낭패를 당할 때도 있기 마련입니다. 만약 세무대리인에게 맡기더라도 어느 정도 (세무대리인들이 일을 똑바로 처리하는지 확인할 정도)의 지식은 있어야 절세로 연결이 됩니다.

사업을 시작 하려는 사장님들이 기본적으로 알아야 하지만 놓치고 있는 것들에 대해 한 번 살펴볼까요.

먼저 연간 세금 일정을 명확하게 알고 있어야 합니다. 내가 세금을 언제 신고하고 내야하는지 제대로 모르는 경우가 태반입니다. 보통 종합소득세는 5월에 한 번, 부가가치세는 1월과 7월에 두 번 내는 정도로만 알고 있습니다.(이조차도 모르는 경우가 더 많습니다.) 하지만 실제는 이게 전부가 아니라는 것이죠.

간이과세자가 아니라면 부가가치세만 1년에 네 번을 냅니다. 법인들만 4회 내는 것으로 알고 있지만, 개인사업자들도 두 번의 신고, 납부 기간 사이에 국세청에서 고지하는 게 두 번 더 있습니다.

기본적으로 1월에 전년도 하반기(7~12월) 매출에 대한 부가가치세를 신고, 납부하고, 7월에 상반기(1~6월) 매출에 대한 부가가치세를 신고, 납부를 해야 합니다. 그 사이 4월과 10월에 국세청에서 또 고지가 날아옵니다. 4월에는 1월에 낸 것의 절반, 10월에는 7월에 낸 것의 절반을 내라고 고지가 옵니다.

작년 하반기에 100만 원의 부가가치세를 낸 사업자는 다음 과세기간인 올해 상반기에도 100만 원은 낼 거라고 국세청에서 가정하는 것입니다. 100만 원을 한 번에 내면 부담 될 테니 절반만 우선 먼저 내라는 고지가 날아오는 거죠. 예정고지는 납세자 세금 부담을 분산시켜주기 위한 배려이지만 준비되지 않은 납세자들에게는 부담이 될 수도 있습니다.

특히 사업초기에는 4월과 10월에 예정고지를 받고 당황하는 경우가 많습니다. 국세청에서 사업자 휴대전화로 문자로 고지를 안내하고 있는데, 문자를 보고나서야 세무서에 문의를 하는 경우가 많습니다.

종합소득세도 보통은 5월만 생각하는데, 11월에 중간예납이 있습니다. 5월에 냈던 것의 절반을 국세청이 고지합니다. 이렇게 부가가치세와 종합소득세를 종합해서 보면 1월, 4월, 5월, 7월, 10월, 11월까지 모두 여섯 번이나 세금을 내야 합니다.(일반과세자의 경우)

사업자 입장에선 자금이 좀 모일만 하면 세금을 내야 하는 상황이 되기 때문에 세금을 내기 위한 별도의 자금을 모아두지 않으면 세금을 체납하는 상황도 올 수 있습니다.

업종별로 보면 도소매업종 같은 경우 원가 규모가 있으니까 원가비율을 빼면 충격이 크지 않지만, 서비스업은 부가가치세 낼 돈을 따로 저축해 둬야만 나중에 세금을 낼 여력이 생깁니다.

❸ 왜, 세금을 직접 신고해야 하는가

5

처음하는 부가가치세
셀프신고를 위한 절세팁

부가가치세는 소비자가 부담하지만 사업자가 대신 국세청에 신고, 납부하는 세금입니다. 물건값이나 서비스 가격에 부가세를 붙여서 받은 뒤 떼어서 정산하는 것이죠.

이런 이유로 당장 매출이 발생했을 때는 부가가치세를 실감하지 못하다가 매출에서 부가가치세를 떼어 신고, 납부하면 그 존재감의 무게가 팍팍 느껴질 수도 있습니다. 실제는 소비자의 돈이지만 내 돈이 뜯기는 느낌이 들죠.

특히 처음으로 부가가치세를 접하는 초보사업자들은 이런 구조에 대한 이해조차 못하고 있습니다. 첫 부가가치세를 신고, 납부하게 될 초보사업자를 위해 부가가치세 신고의 기초상식을 정리해 볼까요.

개인사업자(일반과세자 기준)는 반기에 한 번씩 부가가치세를 신고, 납부합니다. 1 ~ 6월분을 7월에, 7~12월분을 다음 해 1월에 신고해야 합니다.(간이과세자는 1 ~ 12월분을 다음 해 1월에 한 번만 신고하면 됩니다.)

새로 개업한 신규사업자도 부가가치세를 신고, 납부해야 하는데, 상반기에 개업했으면 7월에, 하반기 중 개업했다면 다음 해 1월에 신고, 납부해야 합니다. 가령 9월에 개업한 사업자는 9월 ~ 12월분 부가가치세를 다음 해 1월에 신고하면 됩니다.

사업자등록을 할 때 부가가치세를 간편한 방식으로 신고하는 간이과세자로 등록했더라도 신고는 해야 합니다. 다만, 간이과세자는 1년에 한번 1월에만 신고, 납부하면 됩니다. 2020년에 발생한 매출의 부가가치세는 2021년 1월에 신고, 납부합니다.

개업한 직후에는 매출도 없고 매입한 것도 없을 수도 있죠. 사업자등록은 했지만, 매출과 매입이 전혀 없더라도 신고는 해야 합니다.

이 때 하는 신고가 '무실적 신고'입니다. 국세청 홈택스에서 사업자번호를 조회한 후 무실적 신고 버튼만 누르면 간편하게 신고가 됩니다. 실적이 없으니 당연히 내야할 세금도 없겠죠.

일반과세사업자는 매출에서 발생한 부가가치세에서 매입할 때 부담한 부가가치세를 빼는 방식으로 부가가치세는 계산됩니다. 만약 매출 부가가치세보다 매입 부가가치세가 많으면 환급을 받게 됩니다.(세금을 간편하게 신고하는 간이과세자는 환급이 불가합니다.)

❸ 왜, 세금을 직접 신고해야 하는가

일반적으로는 장사가 잘 안된 경우 환급이 발생할 수 있지만, 개업을 하면서 목돈을 들여 시설투자를 하는 경우에도 당장 투자금에 붙여 낸 매입 부가가치세가 커서 환급금이 발생하기도 합니다.

부가가치세 환급은 신청을 하면, 부가가치세 신고기한 후 30일 이내에 환급이 됩니다. 시설투자로 발생한 환급금 등은 15일 이내에 조기 환급을 받을 수도 있습니다. 알아 두면 사업초기 자금운영에 도움이 될 수 있겠죠.

이 때 사업장 비품 등을 구입할 때 사업자 본인 명의의 카드가 아닌 가족명의 카드를 사용한 경우에도 매입세액 공제와 환급을 받을 수 있습니다. 물론 사업 관련성을 입증할 수 있어야 합니다.

농산물 등 부가세가 면세되는 면세물품을 매입해서 쓰는 사업자(음식점 등)는 매입세액으로 공제할 금액이 적어 부가가치세 부담이 상대적으로 늘어날 수 있습니다. 이때에도 사업자의 부가가치세 부담을 줄여주기 위해 면세 매입액 중 일정 부분은 매입세액공제를 받을 수 있도록 하고 있는데 이를 의제매입세액공제라고 합니다.

의제매입세액공제를 받기 위해서는 반드시 계산서나, 현금영수증, 신용카드영수증 등 적격증빙을 받아둬야 합니다. 이런 증빙을 주지 못하는 농민과 직접 거래로 증빙이 없거나 간이영수증 등만 받아둔 경우에는 의제매입세액공제를 받지 못하니 주의해야 합니다.

　참고로 의제매입세액공제를 받으려면, 거래처별로 계산서 금액을 합한 매출처별 계산서합계표나 신용카드매출전표 등 적격증빙이 필요합니다.

6

부가가치세 신고 시 주의사항

 예비창업자

부가세 신고시 주의할 사항은 무엇이 있나요?

 택스 코디

최근에는 결제수단이 다양해졌기 때문에 주의해야할 부분이 많습니다.

매출의 경우 세금계산서, 신용카드, 현금영수증 등이 발행된 매출은 물론이고, PG사 등 결제대행사를 통한 매출액도 확인해서 빼먹지 않고 신고하는 것이 중요합니다.

매입의 경우에도 사업과 관련된 매입세액은 매출세액에서 공제하고 부가가치세를 납부하는 것이 일반적이지만, 법에서 매입세액 공제를 할 수 없도록 정한 항목도 있으니 유의해야 합니다.

특히 차량과 관련해서는 매입세액 공제여부를 궁금해 하는데, 비영업용 소형승용차(개별소비세가 부과되는 차량)는 해당 자동차의 취득, 수선, 소모품비, 유류비 등 차량의 운행과 관련해 발생하는 직접비용뿐만 아니라 주차장임대료, 주차장관리비 같은 간접비용도 매입세액 공제를 받을 수 없다는 것에 주의해야 합니다. 렌트비용과 유지비용도 불공제대상입니다.

(여기서 영업용의 의미는 운수업, 자동차판매업, 자동차임대업, 운전학원업, 일부경비업이 해당되기 때문에 이런 업종과 관련된 경우가 아니라면 해당 차량 관련비용을 매입세액공제 받을 수 없습니다.)

물론 개별소비세가 과세되지 않는 화물차나 1000cc이하의 경차, 125cc 이하의 이륜자동차, 9인승 이상의 승용차 등은 소형승용차에서 제외되기 때문에 매입세액공제가 가능할 수 있습니다. 물론 사업과의 연관성이 있는 경우에 한해서입니다.

세금계산서는 부가가치세 신고의 기본이라고 할 수 있습니다. 부가가치세는 세금계산서 발행금액과 매입금액에 따라 납부세액을 결정하기 때문입니다. 세금계산서를 공급시기에 맞게 발행하지 않았거나, 수령하지 않은 경우에는 양 당사자에게 모두 가산세가 부과될 수 있으니 주의해야 합니다.

세금계산서를 발급하지 않은 경우에는 미발급가산세(1%), 늦게 발급하면 지연발급가산세 (1%), 발급내용이 부정확하면 부실기재

가산세(0.5%)가 부과됩니다. 전자세금계산서의 경우에도 미전송가
산세(1%), 지연전송가산세(0.5%)를 부담해야 합니다.

세금계산서는 매출처와 매입처별로 합계표도 정리해서 제출해
야 합니다. 이것이 부실하면 매출처별합계표 불성실가산세(0.3 ~
0.5%), 매입처별합계표 불성실가산세(0.5%)도 물어야 합니다.

따라서 세법상 공급시기에 맞게 세금계산서를 정확하게 발급하
고, 수령하는 것이 절세의 기본이라고 할 수 있겠습니다.

7

가산세도 감면이 된다

만약 세금신고기한을 놓쳤다면 최대한 빨리 신고하는 것도 절세방법입니다.

신고기한이 정해져 있는 세금의 신고를 제 때 하지 않으면 무신고 가산세를 추가로 부담해야야 하는데, 신고기한 이후라도 6개월 이내에 신고(기한 후 신고)를 하면 가산세 일부를 감면받을 수 있기 때문입니다.

특히 신고시점이 빠를수록 감면비율이 높도록 차등화 되어 있습니다. 기한 후 1개월 이내에 신고하면 감면비율은 50%로 높지만, 1 ~ 3개월 이내에는 30%, 3 ~ 6개월 이내에는 20%로 떨어집니다.

(기한 후 신고에 대한 가산세 감면비율 구분은 2019년까지는 6개월 이내 20%와 1개월 이내 50%의 2단계 구간밖에 없었지만 2020년부터는 3개월 이내 30% 감면 구간이 신설됐습니다.)

신고기한은 지켰지만 실제보다 덜 신고(과소신고)한 경우에는 과소

신고가산세를 감면받을 기회가 있습니다. 법정 신고기한이 지난 후 2년 이내에 수정신고하면 감면 혜택을 주고, 마찬가지로 수정신고 시점이 빠를수록 높은 비율로 가산세를 감면해 줍니다.

과소신고가산세 감면비율은 1개월 이내 90%, 1개월~3개월 이내 75%, 3개월~6개월 이내 50%로 무신고가산세 감면보다 상대적으로 높게 적용됩니다.

또 6개월이 넘더라도 6개월 ~ 1년 이내 30%, 1년 ~ 1년 6개월 이내 20%, 1년 6개월 ~ 2년 이내 10% 감면비율로 가산세를 감면해 줍니다. 최대 2년 이내에만 수정신고를 하면 가산세를 조금이라도 줄일 수 있게 되는 것입니다.

(과소신고가산세 감면 역시 종전 3단계 구간에서 2020년부터 보다 세분화 되었습니다.)

결과적으로 늦었다는 것을 알았을 때가 가산세를 한 푼이라도 줄이기 위한 가장 빠른 시점이 되는 것입니다.

신고기한을 놓쳤다면 당장 '기한 후 신고'하고, 적게 신고한 사실을 알게 됐다면, 그 즉시 '수정신고'하는 것도 좋은 절세법입니다.

매출이 0원이라도 신고는 하자

영업적자를 보더라도 매출이 있다면 부가가치세 신고는 해야 합니다. 소득은 없을지언정 매출은 있기 때문에 기본적으로 소비자가 부담했던 부가가치세를 정산해야 하기 때문입니다. 물론 정산결과 낼 세금이 없을 수도 있지만 신고를 해야 정산이 되기 때문입니다.

 예비창업자

소득은커녕 매출조차 없는 경우에도 부가가치세 신고를 해야 하나요?

 택스 코디

네, 신고를 해야 입니다.

❸ 왜, 세금을 직접 신고해야 하는가

매출이 없으면 부가가치세를 낼 것도 없지만, 세금이 없다고 해서 부가가치세 신고도 오랫동안 하지 않게 되면 국세청에서 오해할 우려가 있습니다.

해당 사업자번호를 통해 보고되는 실적이 전혀 없으니 폐업된 것으로 간주해서 담당 세무공무원이 직권으로 폐업 처리할 수도 있습니다. 이를 '직권폐업'이라고 합니다. 직권 폐업되면 사업자등록도 자동적으로 말소처리가 됩니다.

직권폐업으로 사업자등록이 없어지면 다시 만드는 번거로움도 있지만, 무엇보다도 사업자등록 말소 사실을 본인이 모르고 있을 수 있다는 문제가 큽니다.(국세청이 따로 알려주지 않습니다.)

어느 날 매출이 발생해서 세금계산서를 발급하려 하거나 그밖에 특정 세무처리를 하려고 하더라도 자신도 모르게 이미 폐업되어 사업자등록번호가 없으니 아무것도 할 수 없게 됩니다.

따라서 매출이 없을 때에도 사업자는 신고를 해야 합니다. 이것이 바로 '무실적신고'입니다. 단지 실적이 없다는 신고를 통해 실적이 없을 뿐 폐업한 것은 아니라는 것을 알려주는 것이죠.

예비창업자

무실적신고는 신고 절차가 복잡한가요?

 택스 코디

무실적신고는 전혀 어렵지 않습니다. 7월과 1월 부가가
치세 확정신고 기간에 하면 됩니다.

국세청 홈택스에서 본인 사업자번호를 조회한 후 '무실
적신고' 버튼만 누르면 간편하게 신고가 됩니다.

(부가가치세 신고기간에 홈택스 로그인→신고납부→세금신고→부가가치세→정기신

고→무실적신고 순서로 클릭하면 됩니다. 모바일 홈택스에서는 로그인→세금신고→부가

가치세 간편신고→무실적신고 순으로 더 간단하게 할 수 있습니다.)

❸ 왜, 세금을 직접 신고해야 하는가

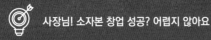
사장님! 소자본 창업 성공? 어렵지 않아요

⊙ 창업자 멘토링 서비스

⊙ 여성 창업 지원금 제도

⊙ 소상공인 정책자금 지원제도

⊙ 직원을 뽑으나 나라에서 월급을?

⊙ 희망리턴 패키지

사업자가
알아두면
도움 되는
정부 지원

창업자 멘토링 서비스

　창업자 멘토링 서비스는 국세청이 신규 개인 창업자 등이 사업에 전념할 수 있도록 세무행정 전반에 대한 맞춤형 무료 세무자문 서비스를 제공하는 것입니다.

　세무대리인을 선임하지 않은 신규로 창업하는 개인사업자 및 장애인사업장 그리고 예비창업자들은 누구나 신청할 수 있으며 개인 사업자들이 해당 멘토링 서비스를 신청하면 관할세무서 담당 직원과 영세납세자지원단 소속의 세무대리인들로 구성된 세무 도우미로부터 무료로 세무자문 서비스를 제공받을 수 있습니다.

　창업자 멘토링 서비스는 멘토 지정일로부터 다음연도 종합소득세 확정신고(다음연도 5월)를 마칠 때까지(최장 1년 5개월 동안) 진행되며 창업자가 멘토링 중단을 원하는 경우 정해진 기간 이전에 종료가 가능합니다.

　또한 해당 기간 동안 신청자는 인허가 및 4대보험 신고, 사업자등록 등 창업단계에서 필요한 사항 및 홈택스 서비스 활용 방법, 부가가치세 등 세금신고와 관련된 사항 등 각종 세무업무에 대하여 상담 받을 수 있습니다.

 예비창업자

창업자 멘토링 서비스는 어떻게 신청하나요?

 택스 코디

창업자 멘토링 서비스는 각 세무서 납세자보호실 전담 상담창구를 통해 신청하거나 국세청 홈페이지 영세납세자 도움방을 통하여 신청할 수 있습니다.

멘토 지정을 신청하면 세무서 납세자보호담당관이 영세납세자 지원단 중 내·외부세무도우미 각 1명을 지정하여 신청자와 연락할 수 있도록 주선합니다.

여성 창업 지원금 제도

여성가장 등 경제적인 부담이 큰 여성 창업자를 위해 연 2% 금리로 최대 1억 원의 자금을 대출해주는 제도입니다.

 예비창업자

여성이면 누구나 신청 가능한가요?

 택스 코디

신청대상은 저소득 여성가장이거나 생계형의 스타트업 희망 여성이어야 합니다. 보건복지부 기준 중위소득 60%에 해당하는 여성가장이거나 국세청 기준 근로장려금 신청 요건을 갖춘 여성이어야 합니다. 그리고 사업 개시 1년 미만 혹은 예비창업 여성이어야 합니다.

💡 미소금융 여성 창업지원금

사무실 임차료, 생계형 차량(1톤 이하) 의 구입 용도로 사용해야 합니다.

신청대상은 창업자 또는 예비창업자 중 신용등급 6등급 이하, 기초생활수급자 또는 차상위계층 이하, 근로장려금 신청자격 요건 해당자이어야 합니다.

대출한도는 최대 7천만 원까지이며, 최장 6년까지 빌릴 수 있으며 금리는 4.5%입니다. 사업장의 임차보증금 내에서 창업예정자의 경우 최대 7천만 원까지 받을 수 있고, 생계형 차량을 구입하는 경우 2천만 원까지 대출이 가능합니다.

💡 소상공인 안정정착을 위한 여성 창업지원금

창업초기에 자금문제 해결을 위한 소상공인의 안정정착형 자금지원금으로, 창업 1년 미만의 창업자 중 중소벤처기업부장관 교육과정을 12시간 이상 수료한 소상공 창업자가 대상이 됩니다.

대출한도는 최대 7천만 원, 금리는 2.79%, 지원 기간은 2년 거치 후 3년 분할상환 방식이고, 소상공인 지역센터에 신청해야 합니다.

소상공인 정책자금 지원제도

소상공인의 사업자금을 지원해주는 정책에는 여러 가지가 있는데, 지원요건에 해당하는지 확인 후 신청을 하면 됩니다.

지원 자금이 소진되면 요건이 되더라도 받을 수가 없기 때문에, 매년 초에 시행되는 내용을 꼼꼼히 확인해야 합니다.

소상공인시장진흥공단 홈페이지(www.sbiz.or.kr)에서 확인이 가능합니다.

⚡ 소공인 특화자금

상시근로자수 10인 미만의 제조업을 하는 소공인의 장비 도입, 경영안정 등에 필요한 자금 지원을 목적으로 합니다.

자금지원 규모는 4,100억 원이고, 대출 한도는 업체당 5억 원입니다.

💡 청년고용특별자금

상시근로자수 5인 미만 사업자(제조, 건설, 운수, 광업은 10인 미만) 중 청년 사업자(만 30세 이하) 또는 청년 근로자(만 29세 이하) 고용 사업주이어야 합니다. 청년 소상공인의 경영 활성화 지원을 목적으로 합니다.

자금지원 규모는 2,000억 원이며, 대출한도는 업체당 7,000만 원입니다.

💡 일반경영안정자금

상시근로자수 5인 미만 사업자(제조, 건설, 운수, 광업은 10인 미만) 중 경영 애로 및 영업지속률을 높이기 위하여 운영자금을 지원하는 목적 입니다.

자금지원 규모는 6,025억 원이며, 대출한도는 업체당 7천만 원 입니다.

직원을 뽑으나 나라에서 월급을?

사업을 하면서 일손이 부족한데도 자금 여력이 없어 신규채용이나 정규직 전환 등을 망설이는 경우가 제법 있습니다.

그런데 최근에는 일자리 정책자금이 다양하게 지원되고 있어서, 이것만 잘 활용하면 인건비 걱정을 크게 덜 수도 있습니다. 어떤 조건에서 어떤 정책자금을 지원받을 수 있는지 살펴볼까요.

먼저 '청년 추가고용 장려금'이 있습니다. 중소·중견기업이 만 15세 이상~34세 이하인 청년을 추가 채용하는 경우 채용인원 1명당 연 최대 900만 원(월75만 원)을 3년간 현금으로 지원하는 제도입니다. 기업규모에 따라 신규채용 인원수의 요건은 갖춰야 합니다.

 초보사장님

갖춰야 할 요건이 어떻게 되나요?

사장님! 소자본 창업 성공? 어렵지 않아요

택스 코디

상시근로자가 30인 미만 기업은 청년 신규채용 인원이 1명이라도 지원을 받을 수 있고, 30인~99인인 경우 2명 이상, 100인 이상 기업은 3명 이상을 신규채용 해야 지원 대상이 됩니다. 예컨대, 30인 미만의 기업이 청년 3명을 신규채용 한다면 2,700만 원을 3년 동안 현금으로 지원받을 수 있습니다.

청년을 IT활용가능 직무에 신규채용 한 중소·중견기업에는 인건비를 최대 월 180만 원까지 6개월간 지원하는 청년 디지털 일자리 지원금도 있습니다. 해당 직원의 월 보수가 200만 원 미만이면 지급임금의 90%를 지원하고, 200만 원 이상이면 180만 원을 지원합니다.

청년 디지털일자리 지원제도는 인건비뿐만 아니라 간접노무비도 월 보수와 상관없이 월 10만 원씩을 지원합니다.

반드시 청년을 채용하는 경우에만 지원을 받을 수 있는 것은 아닙니다. 만 50세 이상의 중년 실업자를 정규직(무기 계약직)으로 채용하더라도 임금의 80% 내에서 월 80만 원(중견기업은 월 40만원)을 지원하는 제도도 있습니다. 신중년적합직무 고용지원제도 입니다.

　신중년적합직무 고용지원은 중년 실업자들의 경력과 전문성을 살릴 수 있도록 지원하는 제도입니다. 인사, 노무, 총무사무원이나 연구원, 간호사, 영양사, 조리사, 기계조작원, 운송장비 조립·정비원 등이 신중년적합직무에 포함됩니다.

　신규채용을 이유로 현금을 직접 지원받는 이러한 제도들을 활용한다면 인건비 부담을 보다 확실하게 덜 수 있습니다.

희망리턴 패키지

희망리턴 패키지란 중소벤처기업부 소상공인진흥공단이 운영하는 프로그램으로, 경영상의 어려움으로 폐업 후 취업을 희망하거나 준비하는 소상공인에게 폐업에서 취업에 이르기까지의 전 과정을 지원하는 제도입니다. 구체적으로 폐업 단계부터 재기교육, 전직 장려수당, 취업성공패키지 등 전 과정 지원이 이뤄집니다.

자금에 어려움을 겪고 있는 폐업 자영업자에게 도움이 되고 사업정리컨설팅을 통해 다양한 노하우와 정보, 그리고 점포철거 및 원상복구 비용을 지원받고, 법률자문도 가능합니다.

조건에 부합하면 단순히 교육만 받고도 여러 가지 수당을 받을 수 있고, 취업을 원할 경우 추천서 발급도 가능합니다. 사업을 정리 후 취업을 생각하고 있다면 재기교육을 받아 보는 것을 추천합니다.

[부록] 사업자가 알아두면 도움 되는 정부 지원

💡 폐업 지원

› 사업정리 컨설팅

폐업 예정 소상공인을 대상으로 하는 것으로, 사업정리 과정에서 필요한 상담 및 지도(컨설팅)를 제공해 소상공인의 안정적 폐업을 지원하는 것이다. 1개 업체당 최대 3개 분야(일반, 세무, 부동산)가 지원되며 대상자의 부담비는 무료입니다.

지원 대상은 취업 또는 재 창업 의사가 있는 폐업 예정 또는 이미 폐업한 소상공인으로, 신청일 기준 사업운영기간이 60일 이상인 경우입니다. 다만 이미 폐업한 소상공인의 경우 세무 분야만 지원하며, 부동산 임대사업자·비영리 사업자 및 법인(고유번호증 소지자)은 지원 대상에서 제외됩니다.

› 점포 철거 지원

점포 철거·원상복구 관련 상담·지도(컨설팅)와 실행비용 지원을 통해 소상공인의 폐업 부담을 완화시키는 제도입니다. 집기·설비 관리, 철거·원상복구에 대한 컨설팅 및 철거·원상복구비용 지원(1개 업체당 200만 원) 등이 이뤄집니다. 대상은 취업 또는 재창업 의사가 있는 폐업 예정 소상공인으로 신청일 기준 사업운영기간이 60일 이상인 경우입니다. 다만, 지원 신청일 기준 이미 폐업한 경우, 부동산 임대사업자 또는 비영리사업자 및 법인, 지원 신청일 이전 철거·원상 복구를 완료한 경우, 임대차계약서를 통해 임차 점포주 확인이 불가한 경우(점포 소유주는 지원 대상에서 제외)에는 지원 대상에서 제외됩니다.

💡 취업 지원

› 재기교육

폐업 예정 또는 이미 폐업한 소상공인의 재기를 위해 취업 기본 교육을 실시하는 것입니다. 대상은 취업의사가 있는 만 69세 이하의 폐업 예정 또는 이미 폐업한 소상공인으로 신청일 기준 사업운영기간이 60일 이상인 경우입니다. 다만 이미 폐업한 소상공인은 폐업일이 시행년도 기준 5년 이내인 경우에만 지원(2014년 1월 1일 이후 폐업자 지원 가능)하며, 부동산 임대사업자·비영리 사업자 및 법인(고유번호증 소지자)은 지원 대상에서 제외됩니다.

› 전직 장려수당 지원

소상공인의 폐업충격 완화와 임금근로자로의 전환을 촉진하기 위해 이뤄지는 제도입니다. 사업정리 상담·지도(컨설팅) 또는 재기교육 수료, 폐업신고와 취업활동을 하는 자로서 고용노동부의 취업성공패키지 1단계 이상(또는 재기힐링캠프) 수료한 경우(1차, 40%) 또는 자구노력으로 취업한 경우(2차, 60%)가 그 대상입니다.

› 취업성공패키지 추천

고용노동부 취업성공패키지와 연계해 폐업 소상공인을 대상으로 종합 취업을 지원하는 제도입니다. 취업성공패키지 추천서는 사업정리컨설팅 또는 재기교육 수료하고 신청일 기준 만 18세 이상~ 만 69세 이하이며 폐업일 기준 1년간 연매출액 1.5억 원 미만이어야 하고 부동산 임대사업자·비영리 법인이 아닌 경우의 요건에 모두 해당해야 합니다.

국민들의 세금으로 운영되고 개별적으로 지급되는 비용이 제법되기 때문에 상당히 까다롭게 점검을 합니다. 사업정리컨설팅, 재기교육 신청일 이전에 취업을 하거나 가족사업장에 취업하는 경우에는 지원되지 않습니다. 폐업 후 재 창업 또는 업종 전환을 한 경우, 취업한 업체에서 일정기간 이상 근무하지 못한 경우, 5년 이내 직전 취업업체에 재취업 한 경우, 고용보험이 근로내역확인서로 신고 되는 일용근로자 역시 지원되지 않습니다.

[저자와의 소통]

프리코디 ···

· 메일   soilmec@naver.com
· 블로그   blog.naver.com/soilmec
· 유튜브   즐거운 사장놀이

택스코디 ···

· 메일   guri8353@naver.com
· 블로그   blog.naver.com/guri8353

사장님!
소자본 창업 성공?
어렵지 않아요

초판발행일 | 2021년 4월 5일

지 은 이 | 프리코디, 택스코디
펴 낸 이 | 배수현
표지디자인 | 유재헌
내지디자인 | 박수정
제   작 | 송재호
홍   보 | 배보배
물   류 | 최낙필

펴 낸 곳 | 가나북스 www.gnbooks.co.kr
출 판 등 록 | 제393-2009-000012호
전   화 | 031) 959-8833(代)
팩   스 | 031) 959-8834

ISBN 979-11-6446-031-1 (03320)